FILOSOFIA PARA A VIDA

Dados Internacionais de Catalogação na Publicação (CIP)
(Câmara Brasileira do Livro, SP, Brasil)

Ataide, Glauber
Filosofia para a vida : quando pensar é o melhor remédio / Glauber Ataide. – Petrópolis, RJ : Vozes, 2025.

ISBN 978-85-326-7283-4

1. Filosofia I. Título.

25-282676 CDD-100

Índices para catálogo sistemático:
1. Filosofia 100

Cibele Maria Dias – Bibliotecária – CRB-8/9427

GLAUBER ATAIDE

FILOSOFIA PARA A VIDA

QUANDO PENSAR É O MELHOR REMÉDIO

VOZES
NOBILIS

© 2025, Editora Vozes Ltda.
Rua Frei Luís, 100
25689-900 Petrópolis, RJ
www.vozes.com.br
Brasil

Editoração: Sandy Marques
Diagramação: Editora Vozes
Revisão gráfica: Alessandra Karl, Nilton Braz da Rocha
Capa: Rafael Machado

ISBN 978-85-326-7283-4

Este livro foi composto e impresso pela Editora Vozes Ltda.

À memória de meus pais,
Rogério e Valma.

Sumário

Sobre a morte

Sobre o desejo

Sobre não ter lugar no mundo

Sobre a tristeza do sábio

Sobre superar a si mesmo

Sobre afirmar esta vida

Sobre o sentido da vida

Agradecimentos

Como leitor, eu geralmente não dava muita atenção às páginas de agradecimentos dos livros. Estas pareciam inicialmente uma parte sem muita importância e com pouca ou nenhuma relação com o conteúdo da obra que estava prestes a iniciar. Passei a ver as coisas de forma diferente, no entanto, ao me deparar com os agradecimentos mais tocantes que já li em minha vida: o primeiro capítulo da obra *Meditações*, do filósofo estoico e imperador romano Marco Aurélio.

Eu não imaginava que aquele homem – o mais poderoso do mundo em sua época – pudesse ser tão humilde. A forma como ele se lembrava de seus pais, amigos, professores e familiares mostra que ele jamais esqueceu que era um simples mortal, e que sozinho jamais teria se tornado quem era. E não apenas isso: ele reconhece que as virtudes que havia aprendido, o que era correto fazer em cada situação, também lhe foram ensinadas por essas pessoas. Essa lição ainda é de grande importância hoje, sobretudo em uma sociedade na qual muitos acreditam no mito do *self-made man*[1].

---

1. Expressão inglesa que designa um indivíduo que acredita ter criado a si próprio ou ter conquistado o que possui sem o auxílio de ninguém.

Na filosofia, a gratidão é considerada um tipo especial de dever, pois diz respeito não ao que devemos fazer, mas a algo que devemos *sentir*. Um credor, por exemplo, pode exigir o pagamento de uma dívida, mas um benfeitor não pode cobrar gratidão – muito embora o conceito envolva a ideia de retribuição. A gratidão é, no entanto, mais do que um dever ou uma virtude: é um bálsamo para a alma. Ela faz bem não apenas àqueles a quem se destina, mas também a quem lhe oferece. Por isso eu gostaria não apenas de agradecer às pessoas abaixo, que, direta ou indiretamente, contribuíram para a publicação desta obra, mas também compartilhar uma importante lição filosófica: a gratidão é uma das características mais fundamentais daquele que aspira à sabedoria. Para Immanuel Kant, por exemplo, ela é um dever moral sagrado[2]; e, para David Hume, sua falta é o crime mais horrível e antinatural que um ser humano pode cometer[3].

Em primeiro lugar, agradeço à minha esposa, Geisa. Sem seu apoio cotidiano tudo seria mais difícil. Obrigado por manter um de meus pés na terra enquanto a filosofia me leva para o alto. Agradeço também à Tia Fia, cujo suporte foi fundamental na época em que eu me mudava para a Alemanha. Sua prestatividade não encontra paralelo, e não fossem os anos que moro nesse país,

2. KANT, I. *Metaphysische Anfangsgründe der Tugendlehre*. Hamburgo: Felix Meiner Verlag, 2022.

3. HUME, D. *A treatise of human nature*: a critical edition. Oxford: Oxford University Press, 2011. v. 1.

não sei se estaria escrevendo este livro hoje. Agradeço também aos meus pais pela felicidade de tê-los conhecido nesta vida e por tudo que fizeram por mim, mesmo as coisas das quais não me lembro. De minha mãe aprendi o valor da simplicidade e da organização, e com meu pai e seu labor incansável, compreendi que posso me dedicar a mais de uma atividade na vida. Expresso minha gratidão também a cada um dos milhares de alunos de meus cursos de filosofia: vocês são fundamentais para nosso trabalho de transmissão do pensamento filosófico nesta era digital. Obrigado por estarmos juntos nesta caminhada.

Introdução

Sócrates afirmava que a filosofia não é mais do que uma preparação para a morte[4]. Longe de ser apenas uma atividade teórica sem relação com a vida prática, o filosofar implica uma vida dedicada também ao conhecimento de si mesmo e à temperança. Todas as escolas filosóficas gregas surgidas no período do helenismo, tais como a cirenaica, a cínica, a estoica e a epicurista, ligam-se a um aspecto ou outro da filosofia do mestre de Platão, tendo cada uma desenvolvido um método terapêutico próprio cujo objetivo era transformar o modo de ver e ser de cada indivíduo[5]. Sua concepção de filosofia buscava, portanto, não apenas investigar o mundo, mas também orientar a prática por uma vida feliz e satisfatória.

Nos últimos séculos, todavia, a filosofia se afastou cada vez mais desse aspecto prático. Os filósofos renunciaram a um lugar importante na sociedade, encastelaram-se em universidades e passaram a escrever quase sempre apenas obras que, além de muito complexas, versam sobre temas que pouco interessam aos não iniciados na área. Comparemos essa situação com a de Aristóteles,

4. PLATÃO. Fédon. *In*: DIÁLOGOS. São Paulo: Nova Cultural, 1991 (Coleção Os Pensadores).

5. HADOT, P. *Philosophy as a way of life*. Oxford: Blackwell Publishing, 1995.

por exemplo, que foi preceptor de Alexandre o Grande. Ou então Sêneca, o qual não apenas educou pessoalmente o imperador romano Nero, mas também escreveu inúmeras cartas nas quais oferecia consolo filosófico individual. Essa função do filósofo na vida prática acabou se perdendo, de modo que, com poucas exceções, os filósofos hoje não mais andam pelas praças públicas questionando os outros, como o fazia Sócrates. Henry Thoreau já havia percebido esse fenômeno e afirmou em sua obra *Walden*, de 1854, que hoje existem professores de Filosofia, mas não filósofos – pois ser um filósofo envolve resolver alguns dos problemas da vida não apenas de maneira teórica, mas também prática. Um dos objetivos desta obra é justamente contribuir para o resgate e a visibilidade desse tipo de filosofia, voltada àqueles que buscam viver de maneira mais serena e equilibrada.

Epicuro caracterizava a filosofia como uma prática terapêutica do nosso interior. O filósofo grego traçava uma analogia e afirmava que assim como a medicina de nada serviria se não curasse o corpo, tampouco a filosofia teria alguma utilidade se não curasse a alma. A filosofia tem, portanto, pelo menos um objetivo a cumprir: curar a alma, sendo mais do que apenas a busca desinteressada pela verdade. Essa concepção atravessou séculos. Até o fim da Antiguidade Romana, a filosofia ainda era vista como consoladora e capaz de auxiliar o indivíduo atribulado, perseguido, angustiado, injustiçado e, em alguns casos, até mesmo preso e condenado à morte. É o que vemos, por exemplo, na obra *Consolação da filosofia,* de Boécio. Publicado no ano 524 d.C., esse livro apresenta a filosofia personificada como mulher, a qual conforta seu autor, preso e condenado à morte.

O tema da vida beata se manteve vivo também na Idade Média. Uma das obras mais conhecidas desse período é *A imitação de Cristo*, de Tomás de Kempis. Ao tratar de questões como o controle dos desejos, a disciplina e o amor à solidão, esse devocional se direciona não apenas aos cristãos, mas à alma de todo ser humano. Na Renascença e na Modernidade também houve filósofos que buscaram na sabedoria antiga inspiração para refletir sobre as grandes questões da vida, como Michel de Montaigne e, mais tarde, Espinosa, cuja obra *Ética* redescobre o valor das emoções e não lhes diminui perante a razão. Encontramos em Nietzsche influências dos estoicos, e Arthur Schopenhauer, com sua obra *Aforismos para a sabedoria de vida*, recupera para a Modernidade lições atemporais dos antigos. À medida, no entanto, que a ciência se consolidou como modelo dominante de conhecimento, especialmente a partir do século XVIII, a filosofia passou gradualmente a priorizar teorizações abstratas, distanciando-se cada vez mais de sua antiga vocação como prática e forma de vida.

Nossos tempos tornam cada vez mais urgente esse aspecto da filosofia, tão valorizado pelos antigos. Vivemos hoje na chamada "sociedade do terapismo", na qual questões meramente existenciais são tratadas como casos patológicos e em que psiquiatras são questionados em seus consultórios sobre o sentido da vida. Nem todo sofrimento é doença, de modo que em muitos casos o auxílio de um filósofo é mais adequado do que o de um médico. Se o indivíduo precisa apenas conversar com alguém para compreender melhor as circunstâncias de sua própria vida e nelas discernir propósito e sentido, o filósofo pode ser a melhor escolha[6]. Há doenças que, de fato, provocam dores físicas, mas há dores da alma que não derivam de nenhuma enfermidade – são apenas expressões de nossa condição humana. Perdas, frustrações, angústias, medos, indecisões: tudo isso faz parte do que significa ser humano.

Nosso principal objetivo nesta obra é apresentar reflexões que lhe ajudem a enfrentar alguns desafios comuns da odisseia humana. Queremos levar você a um exame profundo não apenas de sua própria alma, no sentido grego da palavra *psyché*, mas também de seu lugar no mundo e de suas relações com os outros. De maneira alguma temos a pretensão de oferecer respostas definitivas, e isso por duas razões: primeiro porque isso não seria mais filosofia, a qual consiste em abertura e investigação incessante; e em segundo lugar, pelo fato de que cada indivíduo é único, de modo que apenas *você* pode encontrar as respostas que procura. Nesse sentido, este livro cumpre apenas a função de provocar suas próprias reflexões filosóficas e sugerir perspectivas que você talvez ainda não tenha considerado.

Filosofia como prática

O que é filosofia? Seria ótimo se bastasse consultar um verbete de dicionário para obter uma resposta, mas a questão apresenta diversas *nuances*. Ao longo de

6. MARINOFF, L. *Therapy for the sane*. Cardiff: Waterside Publishing, 2020.

sua história no Ocidente, a filosofia foi compreendida de várias maneiras por diferentes filósofos, mas devemos considerar essa multiplicidade não como excludente ou contraditória, mas como complementar. Algumas das definições mais relevantes para os propósitos desta obra são aquelas propostas por Sócrates, Epicuro, Marco Aurélio, Michel de Montaigne e Nietzsche.

Vamos começar com uma definição socrático-platônica. O conceito de filosofia sofre variações ao longo da obra de Platão, mas nos interessa aqui apenas uma concepção que se aproxima do tipo de filosofia desenvolvido nesta obra. No diálogo *Fédon*, Sócrates conversa com alguns discípulos momentos antes de sua morte, e em certo instante ele define a filosofia desta maneira:

> Quando uma pessoa se dedica à filosofia no sentido correto do termo, os demais ignoram que sua única ocupação consiste em preparar-se para morrer e em estar morto! Se isso é verdadeiro, bem estranho seria que, assim pensando, durante toda sua vida, que não tendo presente ao espírito senão aquela preocupação, quando a morte vem, venha a irritar-se com a presença daquilo que até então tivera presente no pensamento e de que fizera sua ocupação!

Sócrates já havia sido julgado e condenado. Enquanto esperava o momento de beber a cicuta[7], conversou com alguns discípulos sobre temas como a morte e a imortalidade da alma. Nessa passagem ele nos mostra

---

7. Cicuta é o nome do veneno com o qual Sócrates foi condenado a dar fim à sua própria vida.

que o filósofo é alguém que tem a morte diante de seus olhos todos os dias, não se surpreendendo ou se desesperando quando finalmente chega o encontro com o seu fim último. Perceba que a filosofia é apresentada aqui não como uma atividade meramente intelectual, mas como uma forma de se posicionar diante de importantes questões de nossa existência. No capítulo "Sobre a morte" voltaremos a essa definição.

Afirmamos anteriormente que Sócrates é a matriz de diversas escolas filosóficas do período helenístico. Uma delas foi o epicurismo, fundada pelo filósofo grego Epicuro no ano 306 a.C., em Atenas. Epicuro interessava-se sobretudo pelo tema da vida beata (feliz), e seu conceito de filosofia é inseparável da intenção de poupar o ser humano de todo sofrimento possível. Ele assim descreve uma das principais características da filosofia:

> Assim como realmente a medicina em nada beneficia, se não liberta dos males do corpo, assim também sucede com a filosofia, se não liberta das paixões da alma.

Para Epicuro, a filosofia é mais do que apenas a busca pela verdade ou a investigação da natureza: ela também exerce um efeito benéfico sobre a alma, tal como os remédios o fazem para o corpo, livrando-nos de paixões que comprometem nosso equilíbrio e perturbam a nossa paz. Ele afirma ainda, em sua *Carta a Meneceu,* que a filosofia é para todos e que nunca é cedo ou tarde demais para iniciar seus estudos. Epicuro assim se expressa:

> Que nenhum jovem adie o estudo da filosofia, e que nenhum velho se canse dela; pois nunca é demasiado cedo nem demasiado tarde para cuidar do bem-estar da alma. O homem que diz que o tempo para este estudo ainda não chegou ou já passou é como o homem que diz que é demasiado cedo ou demasiado tarde para a felicidade. Logo, tanto o jovem como o velho devem estudar filosofia, o primeiro para que à medida que envelhece possa mesmo assim manter a felicidade da juventude nas suas memórias agradáveis do passado, o último para que apesar de ser velho possa ao mesmo tempo ser jovem em virtude da sua intrepidez perante o futuro[8].

Essa observação tem especial relevância prática. Muitas pessoas me escrevem perguntando se sua idade é adequada para o estudo da filosofia – alguns de meus alunos têm 15 anos de idade, enquanto outros já são aposentados e se encontram por volta dos 80. Os mais jovens pensam ainda não estar prontos para uma disciplina tão complexa, enquanto os mais experientes pensam já ser tarde demais para novas empreitadas na vida. Aprendemos com Epicuro, todavia, que a filosofia está aberta para todos e não conhece restrições de idade. Se nunca é cedo ou tarde para buscar a felicidade e cuidar da alma, também não há idade para se dedicar à filosofia.

Outra escola filosófica derivada da influência de Sócrates foi o estoicismo. Um de seus principais expoentes no período romano foi o Imperador Marco Aurélio, o qual escreveu um diário que, séculos após a sua mor-

8. Tradução de Desidério Murcho, adaptada por mim.

te, foi publicado sob o nome *Meditações*. Marco Aurélio afirma que ser um filósofo significa vencer o prazer e a dor, não deixar nada ao acaso, não depender do agir dos outros e esperar a morte com paz no coração – não vendo nela nada além da dissolução da matéria originária de que todos os seres são feitos. Também nessa concepção de filosofia fica evidente o predomínio de seu aspecto prático, de modo que filosofar seria muito mais que exegese de textos: seria, sobretudo, uma forma de vida.

Essa perspectiva comum a Sócrates e Marco Aurélio ecoaria séculos mais tarde no pensamento de Michel de Montaigne (1533-1592). Para o filósofo francês, a filosofia é a arte de aprender a morrer – uma arte que traz a finitude humana de maneira radical ao centro do filosofar. Ele inicia assim o seu ensaio *Filosofar é aprender a morrer*:

> Diz Cícero que filosofar não é outra coisa senão preparar-se para a morte. É assim porque, de certo modo, o estudo e a contemplação retiram nossa alma de nós e a ocupam separada do corpo, o que constitui certo aprendizado da morte e tem semelhança com ela; ou, então, é porque toda a sabedoria e a razão do mundo se concentram, afinal, nesse ponto de nos ensinar a não ter medo de morrer.

Montaigne afirma que há duas possíveis razões pelas quais a filosofia é um aprender a morrer: a primeira é a separação entre corpo e mente operada pela atividade reflexiva – no sentido de que, ao pensarmos filosoficamente, nossa *psyché* se esquece do corpo –, a segunda é o fato de que toda a sabedoria do mundo se resume, em última instância, a superar nosso medo da morte. Todo o nosso conhecimento, ciência, trabalho e produções artísticas se resumem, no fim das contas, a tentativas de contornar nossa inescapável mortalidade[9].

Também Friedrich Nietzsche nos apresenta a filosofia como inseparável da prática. Para o pensador alemão, o filosofar deve partir da própria vida, sendo mais do que apenas um saber especulativo. Nietzsche afirma ter tanta consideração por um filósofo quanto ele é capaz de dar um exemplo – no sentido de que o indivíduo que representa determinada filosofia tem que dar exemplo dela na prática:

> Eu tenho tanta consideração por um filósofo quanto ele é capaz de dar um exemplo. Não há dúvidas de que através do exemplo ele pode arrastar povos inteiros atrás de si; a história indiana, que é praticamente a história da filosofia indiana, o prova. Mas o exemplo deve ser dado através da vida visível, e não apenas através dos livros, logo, à maneira como ensinaram os filósofos da Grécia, através do olhar, da postura, da roupa, da comida e dos costumes, muito mais do que através do falar ou do escrever[10].

Nietzsche menciona algo interessante nessa passagem. Ele diz que o filósofo será identificado não apenas pela maneira como lida com as grandes questões da vida, mas também por aspectos aparentemente triviais – muitas ve-

9. Essa é uma das principais teses da obra *A negação da morte*, de Ernest Becker.

10. NIETZSCHE, F. *Unzeitgemässe Betrachtungen III*. Munique: dtv, 2021b. p. 350. Tradução nossa.

zes desconsiderados como objetos de reflexão. Até mesmo o olhar, a postura, os hábitos alimentares e a forma de se vestir distinguirão um filósofo daqueles que não examinam a própria vida. Isso não significa, de maneira alguma, que a filosofia é um tipo de seita que prescreve até o corte de cabelo de seus adeptos, por exemplo. Isso deve ser compreendido no sentido de que mesmo os atos mais banais de nosso cotidiano devem passar pelo crivo da reflexão, sendo o resultado de decisões conscientes e fundamentadas – e não apenas uma reprodução acrítica do que nos cerca[11].

Este breve passeio pela história da filosofia revela que seu aspecto prático e ligado à vida jamais se perdeu. Tal concepção encontra representantes até mesmo no período moderno, de modo que nada há de anacrônico em afirmar que a filosofia é uma forma de viver, de se posicionar no mundo, de agir e reagir às situações que enfrentamos em nosso cotidiano. Ao tomarmos parte nesse resgate da filosofia enquanto forma de vida e terapia para a alma não buscamos restabelecer algo supostamente ultrapassado, mas evidenciar um aspecto ainda vivo – mas negligenciado – da tradição filosófica.

Filosofia como terapia

A história das psicoterapias representa um avanço em relação aos procedimentos psiquiátricos anteriores. Tratar os males da alma por meio de diálogo em vez de

11. Em sua obra *Gaia ciência*, Nietzsche menciona também o filósofo estoico Epicteto, para quem a parte mais importante da filosofia era a aplicação da teoria à prática. Mencionaremos essa passagem mais adiante na obra.

recorrer a choques elétricos, por exemplo, constitui um progresso civilizatório em relação àquela barbárie cientificista e reificante na qual o indivíduo era reduzido a uma coisa – um objeto a ser estudado em laboratório, um caso de uma teoria geral. Tendemos a pensar que tal descoberta é uma conquista de nossa época, mas ela encontra precursores já na Antiguidade. Na cidade de Corinto, por volta do século V a.C., havia um espaço análogo ao que hoje chamaríamos de clínica ou consultório psicológico – embora seja anacrônico lhe caracterizar estritamente dessa forma. O historiador Plutarco nos conta, em sua obra *Vida de dez oradores*, que Antifonte (480-411 a.C.) inventou um método de curar as angústias e inquietações da alma, da mesma forma que um médico cura as enfermidades do corpo. Ele adquiriu uma pequena casa nas proximidades da Ágora da cidade e escreveu em sua porta que podia "curar através de palavras aqueles que estavam angustiados". Por meio de perguntas dirigidas aos que o procuravam, ele descobria as causas de suas inquietações e lhes trazia conforto. É curioso notar que, milênios depois, uma jovem chamada Anna O., paciente de Sigmund Freud e Josef Breuer nos primórdios da psicanálise, denominaria exatamente de *talking cure* – ou "cura pela fala" – o método utilizado pelos médicos em seu tratamento. Ela percebia que, ao falar sobre certas experiências traumáticas, isso lhe proporcionava alívio.

Já mencionamos que o aspecto terapêutico da filosofia jamais desapareceu ao longo da história. Na segunda metade do século XX, contudo, houve um avanço expressivo nesse tipo de abordagem. Em 1981, o filósofo alemão Gerd B. Achenbach fundou a chamada *práxis filosófica* (*Philosophische Praxis*), que ele caracterizou dialeticamente como algo novo, mas com raízes milenares. O substantivo *Praxis,* em alemão, tem múltiplos significados: refere-se não apenas a uma prática, como em português, mas também a um consultório – tanto que, na Alemanha, ao nos referirmos a uma consulta com um clínico geral, dizemos que estamos indo a uma *Hausarztpraxis.* Nas décadas seguintes, diversas sociedades de práxis filosófica surgiram em vários países, dando origem a um movimento mais amplo conhecido hoje como *aconselhamento filosófico*.

Essa prática é uma alternativa às psicoterapias. Como afirma Marinoff, não se trata de tentar substituir a psiquiatria ou a psicologia, mas de restituir à filosofia o seu lugar de direito em parceria com outras formas de cuidado da alma[12]. Achenbach afirma que a práxis filosófica é uma instituição para indivíduos que enfrentam dificuldades, se inquietam com preocupações, sentem que suas vidas estão estagnadas ou, pelo menos, aquém das possibilidades que percebem em si mesmos. São pessoas que buscam a práxis filosófica porque querem não apenas compreender, mas também serem compreendidas. O que move tais indivíduos não é a pergunta kantiana "O que eu devo fazer?", mas o questionamento de Montaigne: "O que eu estou fazendo, na verdade?"

12. MARINOFF, L. *Therapy for the sane*. Cardiff: Waterside Publishing, 2020.

As reflexões desta obra devem ser compreendidas nesse contexto. Trata-se de uma espécie de *biblioterapia*, na qual o leitor assume a responsabilidade por seu próprio autoexame ao entrar em contato com os textos, avaliando criticamente as ideias aqui apresentadas. O objetivo não é conduzir a determinada concepção filosófica preconcebida, mas auxiliar cada um a encontrar seu próprio caminho. Achenbach observa que, quando alguém está doente, não procura um médico para ouvir palestras sobre medicina. De maneira semelhante, se o leitor chegou a esta obra porque acredita que a filosofia pode ajudar a lidar com determinados problemas, seu objetivo não é saborear palavras engenhosas ou ouvir teorias abstratas, mas tratar questões práticas.

O mais importante, por isso, são as próprias reflexões do leitor. O pensamento filosófico não se move sobre trilhos preestabelecidos, mas busca sempre pelo caminho correto em cada caso particular. Ao contrário do que acontece em certas psicoterapias, o indivíduo não é compreendido no aconselhamento filosófico como um caso ilustrativo de uma teoria geral ou como instância de uma regra, mas como a pessoa única que é. Reflita conosco em cada etapa e não se preocupe em seguir método algum – evite apenas cair em contradições e abandonar o firme terreno da experiência. Como afirma Achenbach, a filosofia não se serve de rotinas de pensamentos, mas as sabota a fim de esclarecê-las.

Sobre as amizades

Sigmund Freud observou em sua obra *O mal-estar na civilização* que há três grandes fontes de dor no mundo: nosso próprio corpo, o qual está destinado à decadência e à destruição; o mundo externo, que exerce uma força esmagadora sobre nós; e as relações com os outros. Essas fontes são variadas e, quando comparadas entre si, parecem desproporcionais quanto à nossa capacidade de enfrentá-las. O que podemos fazer, por exemplo, contra a erupção de um vulcão ou contra a metástase de um câncer? Para o pai da psicanálise, no entanto, nossos maiores tormentos se originam justamente da terceira dessas fontes – aquela que, à primeira vista, pareceria a mais fácil de dominar.

Para Freud, sofremos muito mais em nossas relações com os outros do que por dores físicas, sejam estas causadas por enfermidades ou pelo mundo externo.

Sem dúvida há exceções, como no caso de indivíduos que enfrentam doenças crônicas ao longo de muitos anos. Se considerarmos, todavia, pessoas relativamente saudáveis e com uma vida social considerada comum, é muito mais frequente se desiludir, se decepcionar ou se irritar com alguém do que tropeçar, sofrer um acidente ou ser atacado por um animal. É possível, contudo, diminuir o sofrimento oriundo dessa fonte. Com o auxílio da filosofia podemos compreender melhor a natureza das amizades e evitar algumas daquelas falsas expectativas que, cedo ou tarde, acabam por se transformar em decepção e sofrimento.

Precisamos mesmo de amigos?

O ideal do sábio é a independência. Não estar à mercê dos acontecimentos ou de outras pessoas nos permite exercer maior controle sobre nós mesmos e evitar o sofrimento. A questão, no entanto, é que somos seres sociais. Já nascemos dependentes e, se não recebermos cuidados nos primeiros anos de nossas vidas, sequer conseguimos sobreviver. Uma vez na fase adulta, tendemos a diminuir essa dependência, mas não a eliminamos completamente. Em que medida, contudo, somos capazes de viver sem os outros? Em que medida podemos nos considerar autossuficientes? Mesmo contra nossa vontade, nosso corpo busca o outro para diversas finalidades – seja a simples companhia, o sexo ou a diversão. Seria desejável eliminar toda forma de dependência, mas, se isso não é inteiramente possível, como conciliar o ideal da autossuficiência com a necessidade de ter amigos?

Podemos aprender algo sobre isso com Sêneca (4 a.C.-65 d.C.). Grande parte de seu pensamento está registrada em uma série de correspondências endereçadas a um certo Lucílio, de quem pouco se sabe além do fato de que foi procurador romano na Sicília. Em uma dessas cartas, Lucílio perguntou a Sêneca se Epicuro tinha razão ao afirmar que o sábio bastaria a si mesmo e que não precisaria de nada externo a si para viver feliz – nem mesmo de amigos. Seria possível viver sem amizades? Precisamos de amigos para ter uma vida plena e feliz? Sêneca respondeu que a reflexão de Epicuro deve ser compreendida no sentido de que, embora possa bastar a si mesmo e ser capaz de viver sem amigos, ele não deseja isso. Tomada em seu contexto, a afirmação epicurista era uma resposta aos estoicos, os quais sustentavam que a ataraxia – uma paz interior permanente – deveria ser alcançada por meio da *apatheia*, uma total insensibilidade diante de todas as coisas. Não deveríamos ser afetados por tristeza, alegria, dor ou prazer, e essa indiferença nos conduziria à ataraxia. Ter amigos ou inimigos, para o estoico, seria indiferente, pois o sábio se basta. Para Epicuro, no entanto, não se trata de deixar de sentir todas as coisas, mas de não se deixar vencer por nenhuma delas. O sábio epicurista vence todas as dificuldades, mas as sente. Os estoicos, por sua vez, não queriam sequer senti-las.

Mesmo sendo autossuficiente, o sábio deseja um amigo, um vizinho, um companheiro. E sua capacidade de bastar a si próprio é tal que ele pode até mesmo viver com apenas uma parte de si. Se perder uma mão devido a uma doença ou a um acidente, a outra lhe será suficiente. Ele deixará de sentir a ausência do que perdeu, embora desejasse muito mais não a ter perdido. A amizade deve ser compreendida desta maneira: não se trata de querer viver sem amigos, mas de ser capaz disso. Dizer que o sábio pode viver sem amigos significa apenas que, se ele perder um companheiro, suportará bem a situação.

Um sábio nunca fica, no entanto, sem amigos. Ele domina a arte da amizade e pode facilmente substituir um amigo perdido por outro. O segredo estaria expresso, segundo Sêneca, nos seguintes versos de Hécato de Rodes: "Se você quer ser amado, então ame". Mesmo se não houvesse outro motivo, o sábio desejaria ter um amigo pelo menos para exercitar a virtude da amizade. Não para, como certa vez disse Epicuro, ter alguém a seu lado quando estiver doente, preso ou em necessidade. Pelo contrário: seria justamente para ser esse alguém que fica ao lado do amigo quando ele adoecer ou estiver cercado por inimigos. Aquele que pensa apenas em si mesmo e se cerca de amigos por esses motivos erra e terminará assim como começou – isto é, sem amigos. Quem faz um amigo apenas para que este o ajude quando estiver acorrentado irá embora assim que estiver livre das correntes. Quem é tomado como amigo unicamente por sua utilidade também será considerado amigo apenas na medida em que puder ser utilizado. Por isso vemos que os felizes são cercados de amigos, enquanto ao lado dos desgraçados reina a solidão.

O sábio basta a si mesmo, é verdade. Essa afirmação, contudo, costuma ser malcompreendida. O sábio basta a si mesmo para viver *feliz*, mas não para simplesmente viver, pois para isso ele precisa ainda de muitas outras coisas. Para viver feliz ele precisa apenas de uma alma saudável, nobre e desapegada da riqueza. O recado de Sêneca a Lucílio é claro: se você não confia em um amigo como confia em si mesmo, você erra e ainda não conheceu a essência da verdadeira amizade.

Os três tipos de amizade

A amizade toma diversas formas. Em nosso vocabulário há inclusive palavras distintas para designar os diferentes tipos de relações que estabelecemos, de modo que reservamos o termo amigo para designar alguém muito mais próximo do que um simples colega. A depender do país e da cultura, essa demarcação é levada com maior ou menor rigor, mas ela está quase sempre presente. Ao longo desta reflexão utilizaremos o termo "amizade" de forma mais ampla, sem nos preocupar com os diferentes graus e *nuances* desses laços de afeto.

Muitas pessoas se perguntam por que suas amizades não perduram. Por que é tão difícil encontrar verdadeiros amigos? Ao longo da vida conhecemos inúmeras pessoas na escola, no trabalho ou na vizinhança, mas no fim das contas poucas amizades realmente permanecem. Por que isso acontece? Será que erramos em algum ponto? Mesmo sem um motivo aparente para o rompimento, algumas relações simplesmente se esvanecem como parte de um ciclo natural.

Aristóteles foi um dos principais filósofos a refletir sobre o tema. O pensador grego abordou os tipos de amizade em sua obra *Ética a Nicômaco,* mostrando como grande parte dos vínculos se forma e também se desfaz. O discípulo de Platão afirma que ninguém escolheria viver sem amigos, mesmo que possuísse todo o dinheiro do mundo. Afinal, "de que serviria tanta prosperidade sem a oportunidade de fazer o bem, se este se manifesta sobretudo e em sua mais louvável forma em relação aos amigos?" A amizade é, além disso, uma precondição para a vida política. Aristóteles retoma o assunto logo no início de sua obra *Política*, revelando assim a continuidade entre os temas.

Uma das principais características de Aristóteles é sua maneira de ordenar, classificar, sistematizar praticamente qualquer objeto de investigação. Com as amizades não é diferente, e por isso ele distingue inicialmente os vínculos estabelecidos entre iguais daqueles formados entre desiguais. Relações como as existentes entre pais e filhos, marido e mulher, ou mesmo entre senhores e escravizados – parte da realidade social em que Aristóteles viveu – são consideradas relações entre desiguais. Já no caso das amizades entre iguais, o filósofo identifica três tipos, cada um de acordo com a qualidade que as fundamenta: a amizade segundo o *prazer*, a amizade segundo a *utilidade* e a amizade segundo a *virtude* – também chamada de amizade perfeita. Quem fundamenta suas amizades sobre o prazer o faz pelo que há de agradável no outro. Já a amizade segundo a utilidade surge pelo bem que uma pessoa pode receber da outra, enquanto a amizade segundo a virtude, por sua vez, só se estabelece entre pessoas que são boas e semelhantes na virtude. Explicaremos a seguir cada uma dessas formas.

Alguns exemplos práticos

Tanto a amizade segundo o prazer quanto a amizade segundo a utilidade são geralmente efêmeras, passageiras, podendo se desfazer facilmente. Isso ocorre quase sempre se uma das partes não permanece como era no início da relação – quando deixa de ser útil ou agradável. Por essa razão, "quando desaparece o motivo da amizade, esta se desfaz, pois existia apenas como um meio para se chegar a um fim". Deparamo-nos com esse tipo de amizade em quase todos os períodos de nossa vida. Ao nos lembrarmos das relações que mantínhamos na escola, por exemplo, é fácil identificar quantas e quais amizades estabelecemos segundo o prazer. As chamadas pessoas espirituosas – isto é, aquelas consideradas divertidas ou engraçadas – costumam manter um amplo círculo social à sua volta. Isso não se deve, no entanto, ao que são em si mesmas ou ao seu caráter, mas ao prazer que proporcionam aos outros.

As amizades segundo a utilidade são de natureza semelhante. Podemos identificá-las, por exemplo, nas relações estabelecidas por local de trabalho ou em grupos unidos por um objetivo comum, como uma igreja, um movimento social ou um partido político. Em tais contextos, essas pessoas não se estimam e não desejam a companhia umas das outras por si mesmas, mas mantêm uma relação de amizade porque isso resultará em um bem para si próprias ou para a causa que compartilham. Aristóteles resume assim esses dois tipos de amizade:

> De forma que essas amizades são apenas acidentais, pois a pessoa amada não é amada por ser o homem que é, mas porque proporciona algum bem ou prazer. Eis por que tais amizades se dissolvem facilmente, se as partes não permanecem iguais a si mesmas: com efeito, se uma das partes cessa de ser agradável ou útil, a outra deixa de amá-la.

Podemos estabelecer esses tipos de amizade em todas as fases da vida. É característico dos jovens, no entanto, formarem vínculos baseados no prazer, pois são "guiados pela emoção e buscam acima de tudo o que lhes é agradável e o que têm imediatamente diante dos olhos". Com o passar dos anos, no entanto, seus prazeres mudam. Por isso, "fazem e desfazem amizades rapidamente: sua amizade muda com o objeto que lhes parece agradável, e tal prazer se altera bem depressa". Em outras palavras: os jovens são inconstantes, e por isso suas amizades também mudam com frequência. Quanto à amizade segundo a utilidade, Aristóteles afirma que "essa espécie de amizade parece existir principalmente entre velhos", tendo em vista que "na velhice as pessoas buscam não o agradável, mas o útil". Para tais pessoas, "o convívio só lhes é agradável na medida em que despertam uma na outra a esperança de algum bem futuro", de modo que o apoio mútuo constitui um dos principais fatores que os leva a se relacionar nessa fase da vida. Essas observações indicam, todavia, apenas uma tendência. Também os jovens estabelecem amizades segundo a utilidade, assim como pessoas mais velhas estabelecem às vezes vínculos segundo o prazer.

Já a amizade segundo a virtude – também chamada por Aristóteles de amizade perfeita – expressa sua perfeição "tanto no que se refere à duração quanto a todos os outros aspectos". Nesse tipo de relação, "cada um recebe do outro o mesmo que dá", e cada indivíduo quer o bem um do outro. Pessoas que estabelecem esse tipo de amizade buscam verdadeiramente o bem do seu semelhante, e isso pelo simples fato de serem virtuosas. Estes "serão amigos por si mesmos, isto é, por causa de sua bondade". Segundo Aristóteles:

> Tal amizade é, como seria de se esperar, permanente, já que eles encontram um no outro todas as qualidades que os amigos devem possuir. [...] Mas é natural que tais amizades não sejam muito frequentes, pois tais homens são raros. Além disso, uma amizade dessa espécie exige tempo e familiaridade... porque o desejo da amizade pode surgir depressa, mas a amizade não.

O indivíduo virtuoso ama sobretudo a si mesmo. Essa conclusão pode parecer paradoxal à primeira vista, mas o argumento de Aristóteles tem boa fundamentação: o homem bom, por agir moralmente, trata os outros como a si mesmo. Por isso a amizade segundo a virtude só pode se estabelecer entre iguais: se o amigo é um outro eu, a felicidade de um é também a do outro. Os homens maus, por sua vez, formam amizades apenas segundo o prazer ou a utilidade. Ao seguir suas paixões, causam danos não apenas a si próprios, mas também ao próximo, sendo incapazes de uma amizade perfeita.

Avaliar nossas amizades a partir dessa reflexão de Aristóteles pode ser libertador. Se a maioria das relações que você teve ao longo da vida se desfez, isso é absolutamente normal. A maior parte de nossos vínculos se forma por meio do prazer ou da utilidade, e quando deixamos de proporcionar prazer a alguém ou não somos mais úteis, o laço se desfaz. A imensa maioria de nossos amigos – ou, para sermos mais precisos, colegas – surgiu de relações passageiras e efêmeras. Mas perceba que nós também quase sempre tratamos os outros assim – talvez mais por ignorância do que por cálculo. Se você deseja mais pessoas à sua volta, basta ser agradável ou útil, mas tenha em mente duas coisas: primeiro, que as amizades assim construídas provavelmente não permanecerão por toda a sua vida; e segundo, que o tipo de amizade que escolhemos revela, em última instância, o que consideramos mais importante na vida.

Sobre a brevidade da vida

Vivemos em uma época que tem horror à morte ou mesmo à aparência da velhice. A medicina hoje se esforça não apenas para aumentar nosso tempo de vida, mas também para ajudar a disfarçar até mesmo os traços de nossa idade. Esse fenômeno se consolida cada vez mais na indústria dos cosméticos, por exemplo: você já observou quantos novos produtos são lançados todo mês para diminuir rugas, cabelos brancos e outros sinais de que nosso corpo se encaminha para a morte? Todos esses esforços contra nossa finitude parecem indicar que consideramos insuficiente o tempo a que estamos destinados a viver. Mas por qual razão pensamos assim? Será que a própria natureza errou nos fazendo viver tão pouco?

Sêneca afirma que o homem vive tempo suficiente, desde que saiba como viver. Para o filósofo romano, a vida é longa o suficiente para concluir os maiores empreendimentos, desde que seja bem-utilizada. Para quem dela sabe dispor de modo adequado, afirma o filósofo, "ela é suficientemente extensa". Uma das teses de Sêneca nessa obra é que o verdadeiro tempo de vida de cada um é aquele dedicado a si próprio para proveito interior, como na reflexão, no diálogo do sábio consigo mesmo. Se quisermos saber quanto tempo determinado indivíduo viveu, devemos calcular quanto tempo ele gastou com os outros. O que restar é o tempo que ele realmente viveu.

As reflexões a seguir dialogam com a obra *Sobre a brevidade da vida*, de Sêneca. Veremos que o conteúdo desse clássico vai muito além do que sugere seu título, de tal maneira que um dos principais pontos de sua reflexão gira em torno da questão da *boa vida*. A vida é curta ou longa dependendo da maneira como a vivemos, do uso que fazemos de nosso tempo.

A arte do bem-viver

O tema da brevidade da vida está diretamente relacionado ao bem-viver. Se não esbanjarmos nosso tempo com aquelas coisas que apenas aumentam nossa aflição, a vida será então longa o suficiente. Diversas perturbações responsáveis pela quebra de nosso equilíbrio resultam justamente de nossa incapacidade de lidar corretamente não apenas com nossas atividades, mas também com as três formas do tempo: passado, presente e futuro. Poderíamos inclusive dizer que reside aqui, na relação que temos com o tempo, o centro de seu argumento. É necessário sabermos lidar de maneira apropriada com cada uma dessas formas a fim de vivermos melhor e evitarmos sofrimentos.

Sêneca afirma que a maioria dos seres humanos reclama da natureza. Esta teria supostamente nos dado pouco tempo para viver, e quando comparamos nossas vidas com as de outros animais, isso fica ainda mais claro. Por que não poderíamos viver tanto quanto uma tartaruga, por exemplo? A maioria dos indivíduos tem a sensação de que a vida passa tão rápido que ela termina justamente quando eles estão ficando prontos para de fato começar a viver. Muitas pessoas pensam: “faltam apenas dez anos para eu me aposentar, e quando isso acontecer, estarei livre para começar a viver!" Quem garante, no entanto, que estaremos vivos até lá? O indivíduo condiciona o início de sua vida ao fim de sua atividade laboral, como se nosso sistema de aposentadoria visasse a maximização de nossa felicidade pessoal ou levasse em conta o curso da natureza. É muito tarde para começar a viver quando a vida está justamente chegando a seu fim.

Dedicamos a maior parte de nosso tempo aos outros, mas muito pouco a nós mesmos. Sêneca afirma que não encontraremos "ninguém disposto a dividir seu dinheiro; mas quantos de nós distribuem seu tempo aos outros!" De certa forma, vivemos como se estivéssemos destinados a viver para sempre. Aquele que vive, no entanto, sem dedicar a maior parte de seu tempo a si mesmo está morrendo sempre prematuramente. Para alguns indivíduos, a solidão é insuportável. Esse encontro com nós mesmos, todavia, é fundamental para cultivarmos nossa *psyché* e evitarmos a sensação de que a vida escapa por entre os dedos.

Durante sua reflexão, Sêneca passa em revista a vida de várias personalidades para que possamos aprender também com seus erros. Ao ler a história de Augusto ou as obras de Cícero, ambos admirados por seus grandes feitos, percebemos que eles desejavam acima de tudo o ócio, o verdadeiro repouso. Se esses grandes indivíduos estavam insatisfeitos com suas próprias vidas, mesmo diante do grande legado que deixaram à humanidade, devemos então nos perguntar em que medida suas atividades contribuíram para sua própria felicidade.

Mesmo que vivêssemos mil anos, isso não seria suficiente para o tipo de vida que levamos. Deixamos escapar nosso tempo como se este fosse algo supérfluo e substituível, sem nos darmos conta de que cada segundo passado é irrecuperável. A questão é que nenhuma arte pode ser bem aprendida se a mente estiver ocupada em várias atividades, e considerando que viver é a atividade mais difícil de se aprender, resulta daí que indivíduos sem tempo para o ócio nunca serão capazes de aprendê-la. Aprender a viver demora uma vida inteira, afirma Sêneca, assim como aprender a morrer.

O uso adequado do tempo

As pessoas esbanjam o seu tempo como se este fosse retirado de uma fonte abundante, como se fossem viver eternamente. Sêneca observa que os seres humanos não percebem que o tempo é o que eles têm de mais precioso, e ninguém nunca sabe quanto ainda tem para viver. As pessoas desperdiçam a maior parte dele com futilidades, quando o mais sensato seria administrar bem aquilo que ignoram o momento em que lhes irá faltar. Imagine que você tenha se perdido em uma floresta e esteja incomunicável. Você ainda possui um pouco de comida, mas não sabe quando encontrará seu caminho de volta à civilização. Nessa situação, como você lidaria com a comida: esbanjaria tudo logo no primeiro dia, sem saber quando virá o resgate? Ou racionaria o seu consumo para maximizar sua sobrevivência? Em um cenário de incertezas devemos utilizar bem os recursos à nossa disposição, sendo exatamente isso o que deveríamos fazer também com nosso tempo de vida.

É impossível viver quando estamos totalmente dedicados aos outros e sem tempo para nós mesmos. Todos aqueles que nos chamam para sua própria companhia estão nos retirando de nós mesmos, e Sêneca nos desafia então a fazer as contas e ver quantos dias de nossas vidas dispensamos aos outros. Ficaremos surpresos ao constatar quão pouco de nossa existência de fato pertenceu a nós mesmos. Mas aquele que, por outro lado, aplica a maior parte de seu tempo em suas próprias necessidades e organiza cada dia como se fosse seu último nem deseja e nem teme o dia seguinte. Ele já experimentou de tudo, de tal maneira que mais dias não lhe acrescentarão nenhuma novidade. Tal indivíduo sabe que, se vivesse um dia a mais, faria exatamente o mesmo que fez hoje ou ontem, pois o viveu como se fosse seu último. Por isso não devemos confundir idade com experiência de vida: Sêneca afirma que ao avistarmos um homem de cabelos brancos e rugas, não devemos dizer que ele viveu muito, mas apenas que existiu bastante.

Pelo fato de ser uma mercadoria invisível, o tempo acaba enganando muitos. Não sendo tangível ou passível de investigação, o tempo é considerado algo barato, e por isso o doamos muito mais aos outros do que faríamos com dinheiro, por exemplo. Estamos sempre olhando nosso saldo bancário e verificando as entradas e saídas em nosso extrato, mas quase ninguém tem algo semelhante para controlar o próprio tempo. A situação muda de figura, todavia, se o indivíduo é ameaçado pela morte: imediatamente ele quer mais tempo, sendo capaz de dar todas as suas posses apenas para continuar vivo, de modo que Sêneca observa: “Tão inconsistentes são eles em seus sentimentos!” Deveríamos ser mais cautelosos em preservar aquilo que vai nos faltar a qualquer momento.

É necessário encontrar o balanço adequado entre passado, presente e futuro. Sêneca critica aqueles que se gabam de suas habilidades de previsão, afirmando que estes gastam suas vidas inteiras simplesmente organizando suas vidas. Eles direcionam seus olhos para um futuro distante e com isso acabam negando o presente. Segundo o filósofo estoico, "o grande obstáculo ao viver é a expectativa, a qual depende do amanhã e perde o hoje". Tais indivíduos estão se ocupando do que está sob controle da Fortuna, deusa do destino, e abandonando o que eles mesmos poderiam de fato influenciar. O conselho então é claro: "O futuro inteiro é incerto, viva imediatamente!"

O futuro nos impede de viver o presente. Os indivíduos chamados por Sêneca de "*occupatos*" no texto original em latim são aqueles envolvidos em atividades a todo momento. Na tradução inglesa da obra *Sobre a brevidade da vida*[13], feita por C.D.N. Costa, o termo é vertido como "preocupados", o que já traz uma carga interpretativa maior: tais pessoas seriam justamente aquelas que, como o próprio termo indicaria em português, se ocupam de algo antecipadamente, antes da hora de realmente fazê-lo. Os preocupados são os que têm a vida mais curta. Comparando diversas edições em português, alemão e inglês, cada uma faz uma tradução diferente para *occupatos*, de modo que o mais importante é compreender o que caracteriza tais indivíduos: uma constante agitação, um ininterrupto mover, uma incapacidade de descanso. Isso fica claro quando Sêneca afirma que

13. SENECA. *On the shortness of life*. Londres: Penguin, 2004.

alguns indivíduos são preocupados até mesmo em seu lazer, em sua casa de campo, em seu sofá ou em seu momento de solidão. Ser um *occupato* se relaciona mais a um estado interior (ou da mente) do que propriamente ao exercício de algum tipo de atividade.

Sêneca afirma que o presente é curto; o futuro, duvidoso; e o passado, certo. Quanto ao passado, não há ninguém que possa alterá-lo, nem mesmo a própria deusa Fortuna. Os ocupados, todavia, não entendem isso: eles não têm tempo de olhar para seu próprio passado, e mesmo se tivessem não seria prazeroso recordar ações das quais se envergonham. Eles não refletem sobre o tempo perdido e malgasto, vivendo apenas no presente – mas não da mesma forma que o sábio. Não basta apenas viver no presente, é preciso *saber viver* no presente e encontrar o perfeito equilíbrio entre passado, presente e futuro.

O futuro é incerto. Se é prudente, por um lado, planejar o futuro, não podemos nos esquecer, por outro, de que "o maior obstáculo para a vida é bem essa expectativa que depende do dia de amanhã em prejuízo do dia de hoje". Temos apenas o presente para viver, e não podemos deixar que nos furtem aquilo que não sabemos o quanto ainda temos. Para o bem-viver, o filósofo romano nos aconselha: "Reserva um pouco de tempo para ti". Em um século no qual não temos tempo para quase nada além das atividades que sufocam nosso cotidiano e abrangem a totalidade de nossa existência, tal conselho de Sêneca soa não apenas como um verdadeiro desafio, mas também como uma promessa de trégua, refúgio e bálsamo.

O verdadeiro ócio

A ciência do bem-viver deve ser encontrada no ócio. O termo ócio, no entanto, tem um significado diferente para Sêneca. Tendemos a ver o ócio de forma pejorativa, pois este não produz, não gera receita, não gera consumo. Se repararmos na própria palavra *negócio*, veremos que sua origem em latim já indica que as atividades laborais e comerciais são uma negação do ócio: neg-ócio. Nem toda atividade de tempo livre, todavia, pode receber esse nome. Para Sêneca, o ócio é o afastamento das atividades públicas, o recolhimento longe da turba e da multidão. O verdadeiro ócio é o voltar-se para si mesmo para a reflexão. Ver televisão, navegar por redes sociais ou ler revistas de fofocas, por exemplo, não pode ser considerado ócio, mas tão somente ocupações desidiosas e atividades fúteis. Indivíduos que se dedicam a tais tarefas não desfrutam de verdadeiro repouso, e Sêneca diz que podemos chamá-los de "enfermos" e "mortos".

O verdadeiro ócio acontece apenas na filosofia. Os filósofos não apenas observam cautelosamente toda a sua vida, mas também agregam todas as eras à sua própria em diálogo com a tradição filosófica, com os maiores mestres e as mentes mais brilhantes que já passaram por este mundo. Podemos discutir com Sócrates, expressar dúvida com Carnéades, cultivar o recolhimento com Epicuro, superar a natureza humana com os estoicos ou sobrepujá-la com os cínicos. Os filósofos nunca estão ocupados demais para nos receber, são nossos melhores amigos e nos ensinarão não apenas a viver, mas também a morrer. Não podemos escolher os pais que a natureza nos deu, mas podemos escolher de quem seremos filhos na filosofia. O filósofo vive na correlação adequada entre passado, presente e futuro. Se o tempo passou, ele o relembra; se o tempo é presente, faz uso dele; se o tempo ainda virá, o antecipa. Aqui está o segredo de uma longa vida: a correlação apropriada entre os tempos, a maneira adequada de lidar com eles.

O homem ocupado é o oposto do filósofo. Este esquece o passado, negligencia o presente e teme o futuro, e quando chega ao fim de sua vida, percebe tardiamente que esteve ocupado a vida inteira fazendo nada. Por isso devemos sempre antecipar no pensamento nosso leito de morte para verificar se nosso juízo sobre nossa vida será o mesmo de um homem ocupado: seria muito triste concluirmos que passamos uma vida inteira fazendo nada! Nossa única vida! Sêneca afirma que a relação do ocupado com o futuro é tal que ele perde o dia esperando pela noite, e perde a noite temendo o amanhecer. Na mente do ocupado há um excesso de futuro, o que em nossos tempos recebe o nome de ansiedade. O que seria a ansiedade senão um sofrimento causado por situações meramente imaginadas?

Sêneca relata o caso de Xerxes, rei da Pérsia, que, ao avistar um dia seu enorme exército, chorou porque nenhum de seus soldados estaria vivo dali a um século. Nem o próprio Xerxes estaria vivo para testemunhar aquilo que ainda só existia em sua imaginação, mas seu sofrimento e suas lágrimas eram reais. Devemos ter em mente que sempre haverá motivos para ansiedade. Tudo neste mundo terá o seu fim, de modo que antecipar possíveis catástrofes, doenças e sofrimento na imaginação torna impossível viver o presente. Uma preocupação sempre levará a outra, pois sua fonte é inesgotável. Nosso aparato cognitivo é estruturado de tal maneira que somos capazes de pensar em cadeias de causa e efeito se estendendo ao infinito, de modo que se dermos livres rédeas à imaginação, estaremos sempre preocupados e angustiados.

O conselho de Sêneca a seu amigo Paulinus – e também a nós, leitores de sua carta – é direto: "Reserva um tempo para ti". A maior parte de nossas vidas já foi dedicada a outras atividades, de modo que se calcularmos quanto tempo separamos para nós, veremos que foi quase nada. Devemos nos retirar para nos dedicar a objetivos mais calmos, seguros e importantes do que "supervisionar o transporte de grãos", por exemplo. Esse exemplo fornecido por Sêneca provavelmente se deve ao fato de ser esse o trabalho de Paulinus, mas podemos substituir tal atividade por qualquer outra de nosso tempo e a mensagem faz tanto sentido agora quanto antes. Uma professora pode dizer: "Eu já dediquei grande parte de minha vida ensinando aos outros"; um advogado pode dizer: "a maior parte de minha vida dediquei à defesa de meus clientes"; um trabalhador da construção civil pode dizer: "minha existência foi quase toda dedicada à construção de edifícios para os outros". É chegada a hora de dedicarmos mais tempo a nós mesmos.

Isso envolve também o que devemos estudar. Para Sêneca, nem todo tipo de conhecimento deve ser perseguido, pois certas questões são completamente inúteis e devem ser evitadas. Mesmo que o saber proporcionado por tais áreas seja verdadeiro – o que geralmente não é o caso –, ninguém se tornaria um indivíduo melhor por causa de certas teorias. Estas não são capazes de controlar nossas paixões e nem de nos tornar mais livres, justos ou magnânimos. Esses são os critérios que, segundo Sêneca, distinguem os conhecimentos úteis daqueles que devem ser evitados. Por isso o filósofo romano aconselha Paulinus a se voltar àqueles estudos que ensinam sobre a substância de Deus, sua vontade, seu modo de vida, sua forma, o destino da alma, a força que mantém os objetos mais pesados do mundo em seu centro, a força que movimenta as estrelas, e várias outras. Estes conhecimentos nos enchem de maravilha e devem ser aprendidos juntamente com todos os outros que nos ensinam o amor e a prática das virtudes, o abandono das paixões, o conhecimento de como viver e morrer, e uma vida de profunda tranquilidade.

Não devemos invejar aqueles considerados "bem-sucedidos" em nosso tempo, afirma Sêneca. O que eles alcançaram foi a preço de uma vida, de modo que vários deles chegam a reconhecer que todo o seu esforço foi para conquistar apenas um bom epitáfio. Um passeio por qualquer cemitério faz bem à nossa alma: na maioria das vezes não vemos nas lápides mais do que a inscrição dos nomes e dos anos que marcaram a existência de cada pessoa, sem menção a nenhuma de suas obras. Cedo ou tarde as águas do tempo lavarão todas as marcas e rastros de nossa existência, e para cada Aquiles lembrado por seus feitos heroicos na guerra há milhões de soldados anônimos para sempre perdidos nas areias do tempo. Um bom epitáfio não vale o preço de uma boa vida.

Sobre o pensar correto

A razão pode nos ajudar a viver de maneira mais satisfatória. Grande parte de nossos desconfortos tem origem em nossos próprios pensamentos, de modo que enxergar a realidade sem erros e ilusões pode nos poupar muito sofrimento. Esse é um dos principais objetivos da filosofia estoica, a qual nos oferece uma sabedoria de vida que pode diminuir nossa ansiedade, dissipar nossas falsas preocupações e até mesmo nos ajudar no enfrentamento da depressão. Ao avaliarmos corretamente nossas impressões, podemos agir de maneira adequada e alcançar equilíbrio entre nossos impulsos e atitudes.

Os principais textos estoicos a que temos acesso são do período romano. Dentre eles destacam-se as obras atribuídas a Epicteto, filósofo que será nossa principal referência neste capítulo. As diversas lições que apresentaremos estão agrupadas em quatro momentos principais: inicialmente aprenderemos a não depender daquilo que não está em nosso poder. Na sequência distinguiremos os pensamentos, por um lado; e as coisas às quais eles supostamente dizem respeito, por outro. Depois veremos que nada nos pertence – sejam posses, pessoas ou mesmo nossa reputação –, para finalmente concluirmos que o filósofo se faz pela prática. Esses temas serão desenvolvidos após uma breve biografia do filósofo estoico.

Breve biografia de Epicteto

Epicteto nasceu por volta do ano 50 d.C. na cidade de Hierápolis, na Frígia. Filho de uma mulher escravizada, ele foi trazido a Roma em idade incerta – talvez ainda criança ou um jovem rapaz – e viveu como escravizado na casa de um homem chamado Epafrodito. Mesmo privado de liberdade, Epicteto obteve autorização de seu senhor para estudar filosofia, tornando-se discípulo de Musônio Rufo (25-95 d.C.), importante filósofo estoico da época.

Epicteto conquistou sua liberdade pouco tempo depois e começou então a lecionar em Roma – talvez com o apoio do próprio Musônio. Com a proibição da filosofia nos anos 92-93 d.C. sob o Imperador Domiciano, teve de se mudar para Nicópolis, onde viveu até sua morte, em 138 d.C. Assim como Sócrates, Epicteto não deixou obras escritas. Os textos que chegaram até nós foram redigidos por um de seus discípulos chamado Arriano (91-170 d.C.). Historiador, comandante militar e filósofo do período romano, Arriano também é conhecido por ter escrito a melhor fonte da Antiguidade sobre as campanhas de Alexandre o Grande. Ele foi aluno de Epicteto por volta do ano 108 d.C., e seus registros das aulas do mestre tinham, a princípio, uso estritamente pessoal: no prefácio dos *Discursos* ele afirma que não escreveu a obra, mas fez apenas anotações literais – na medida em que isso era possível – das próprias palavras do filósofo estoico.

Ao acentuar a precedência da prática à teoria, Epicteto se coloca, ao lado de Sêneca e Marco Aurélio, como um dos representantes do estoicismo imperial. Quando Sêneca morreu, no ano 65 d.C., Epicteto tinha aproximadamente 15 anos de idade, e quando este faleceu, por volta do ano 138 d.C., Marco Aurélio tinha cerca de 17 anos. A ordem cronológica dos filósofos estoicos romanos é, portanto, a seguinte: Sêneca, Epicteto e Marco Aurélio, sendo que o imperador romano foi profundamente influenciado pelo filósofo escravizado.

O que está em seu poder?

Fundamental para a filosofia de Epicteto é a distinção entre as coisas que estão em nosso poder e aquelas que não estão. Nossos pensamentos, impulsos e desejos são exemplos do que podemos controlar e ninguém pode aprisionar. Mesmo que um indivíduo esteja encarcerado, por exemplo, seu pensamento permanece livre e pertence somente a ele. Já entre as coisas que não estão em nosso poder se encontram, por exemplo, o nosso corpo, posses, reputação e cargos – estas são dependentes e podem ser tomadas de nós a qualquer momento.

Nossos filhos, por exemplo, não nos pertencem. Antes de Epicteto, também Sêneca já havia mencionado a perda de filhos em suas obras – o que é compreensível, considerando a alta mortalidade infantil na sociedade romana. A dor causada por essa experiência é tão traumática que, na maioria dos idiomas, não há sequer uma palavra para definir um pai ou uma mãe que perde o filho. Se uma mulher perde o seu marido, torna-se *viúva*; se uma criança perde seus pais, ela é agora uma *órfã*. Como chamamos, no entanto, quem perde um filho? Ao afirmar que devemos nos preocupar somente com o que nos pertence, Epicteto procura atenuar a dor que tais situações podem nos causar. Nossos filhos não nos pertencem: se tivermos isso em mente todos os dias, podemos evitar não somente esse tipo de sofrimento, mas qualquer outro decorrente da crença equivocada de que certas coisas são nossa propriedade ou estão sob nosso controle.

Devemos considerar assim também o nosso próprio corpo. Por mais que cuidemos de nossa saúde por meio de uma alimentação adequada e da prática regular de atividades físicas, não podemos evitar o envelhecimento e a decadência. Isso é parte da natureza, e mesmo uma vida sem vícios ou excessos não elimina a possibilidade de sermos acometidos por um câncer antes da velhice – embora possa reduzi-la. Se nosso corpo é afetado por tal enfermidade, no entanto, como lidar com a situação? Nosso próprio corpo não nos pertence e não temos controle absoluto sobre ele, de modo que, para o sábio, ele não deve ser fonte de perturbações.

A forma como vemos as coisas determina a maneira como lidamos com as situações a elas relacionadas. Epicteto afirma que, se considerarmos como livre o que é servil por natureza e como nosso aquilo que não nos pertence, teremos uma mente atribulada e motivos para lamentar. Se considerarmos, no entanto, apenas o que está sob nosso controle como realmente nosso, e aquilo que não está como realmente alheio, ninguém jamais será capaz de nos coagir, impedir, ferir ou encontrar em nós culpa alguma – e tampouco culparemos os outros ou os acusaremos por qualquer motivo. Este último ponto é fundamental. Séculos mais tarde, a filosofia existencialista mostraria que frequentemente deslocamos a responsabilidade por nossos atos e escolhas para o mundo externo, culpando outras pessoas, a sociedade ou o destino pelo curso de nossas vidas. Isso nos poupa a dor de uma ferida narcísica e nos alivia internamente, mas Epicteto nos ensina, contudo, que devemos assumir plena responsabilidade por nossa existência, sem culpar ninguém por coisa alguma.

Tampouco nossos objetivos de vida são algo que nos pertence. Devemos estabelecê-los de tal maneira que nossas maiores aspirações dependam apenas de nossas próprias forças, jamais daquilo que não está em nosso poder. Se tenho como alvo me tornar um artista famoso e reconhecido, por exemplo, provavelmente trarei a mim mesmo inquietações e infelicidade desnecessárias, pois ficar famoso não depende apenas de mim. Para ser um astro da música na indústria cultural dependo de um contrato com uma gravadora, visibilidade nos grandes meios de comunicação e, acima de tudo, careço do reconhecimento de milhões de pessoas. Se meu objetivo, contudo, é apenas me tornar um artista, as chances de me frustrar são muito menores, pois minha formação enquanto tal depende quase inteiramente de mim: de meu talento, disciplina e esforço[14]. O indivíduo que almeja ser livre não deve, portanto, desejar aquilo que está

14. Outra importante fonte da Antiguidade nos ensina algo semelhante. Em uma pergunta retórica, Jesus Cristo afirma que, ao querer construir uma torre, o indivíduo primeiro se senta, calcula os custos e verifica se tem dinheiro suficiente para concluí-la. Caso lance o alicerce para só depois perceber que não dispõe dos meios para prosseguir, essa pessoa será objeto de escárnio e os outros dirão: "Este homem começou a construir e não foi capaz de terminar" (Lc 14,28-30).

em poder dos outros. Se o fizer, será um escravo, e segundo Epicteto, jamais devemos entrar em uma luta na qual não está em nosso poder vencer.

Não devemos, além disso, almejar o impossível. Epicteto afirma que o indivíduo que deseja, por exemplo, que seus filhos, esposa ou amigos vivam para sempre é um tolo. Ele quer que coisas que não estão em seu poder passem a estar, e que aquilo que não lhe pertence se torne propriedade sua – o que inevitavelmente resultará em sofrimento. Esse exemplo não deve ser compreendido como se alguém realmente acreditasse que seus amigos e familiares são eternos, pois ninguém é ingênuo a tal ponto. A questão é que muitas pessoas *agem* e *sentem* como se assim fosse, mesmo sendo perfeitamente capazes de reconhecer em palavras a natureza mortal de todos os seres vivos.

Essa é uma das principais lições da filosofia estoica. Todos os males da humanidade derivam, de certa maneira, da tentativa de tentar obter ou manter coisas que podemos perder ou mesmo não conquistar, assim como da tentativa de evitar infortúnios inevitáveis. A tarefa da filosofia consiste, portanto, em educar as pessoas de modo que busquem apenas os bens que são capazes de obter, e tentem evitar apenas o mal que é possível evitar[15].

---

15. HADOT, P. *Philosophy as a way of life*. Oxford: Blackwell Publishing, 1995.

As coisas e os pensamentos

Epicteto afirma que não são as próprias coisas que perturbam ou amedrontam os homens, mas os pensamentos sobre as coisas. A morte, por exemplo, não tem nada de terrível em si – como também pensava Sócrates, para quem estamos em total estado de ignorância nessa discussão. O problema é a *ideia* que fazemos da morte, o que entendemos por isso, de modo que o terrível na morte está em nosso entendimento sobre ela.

Frequentemente somos surpreendidos por pensamentos desagradáveis que preferiríamos não ter. Epicteto nos sugere uma forma prática de lidar com tais situações, a qual consiste em submeter o conteúdo de nossa consciência a dois procedimentos. Primeiro devemos dizer-lhe: "você é apenas um pensamento[16], não é de forma alguma aquilo que parece". Com isso traçamos uma distinção clara entre o pensamento e as próprias coisas, desfazendo a

---

16. A palavra traduzida aqui como "pensamento" é *phantasia* no original grego, sendo vertida às vezes também como "impressão". Esse conceito diz respeito àquilo que é acessível de forma imediata em nossa consciência, seja uma experiência sensível ou um pensamento. Não confundir, portanto, nem com algo exclusivamente intelectual nem com o uso comum do termo "fantasia" em português.

ilusão de que estaríamos de fato tendo acesso ao mundo externo de maneira imediata. Identificado o pensamento como o que realmente é – qual seja, apenas um pensamento –, o passo seguinte é verificar se ele diz respeito a algo que está em nosso poder ou não. Se o pensamento disser respeito a algo que não está em nosso poder, devemos simplesmente dizer: "não tem a ver comigo!"

Algo semelhante ocorre quando alguém nos ofende. Devemos perceber que não nos ofende exatamente a pessoa que executa o ato, mas o pensamento de que nesses atos há algo ofensivo. Quando alguém nos perturba, é essencial ter em mente que a perturbação vem principalmente de nossa própria interpretação. Nessas situações é importante distinguir entre o pensamento sobre as coisas e elas próprias. A língua inglesa ilustra bem esse ponto. A expressão "*take offense*" – literalmente "tomar ofensa" – revela que a ofensa é algo que se aceita, não algo simplesmente imposto. Para indicar que não nos ofendemos por determinada afirmação, é comum responder: "*no offense taken*", ou seja, "não tomei ofensa". Muitos problemas esvanecem quando aplicamos a distinção ensinada por Epicteto entre as coisas e os pensamentos sobre elas.

E se os pensamentos não são as coisas, ainda menos nós próprios somos os objetos ou títulos que possuímos. Por isso Epicteto afirma que é um erro dizer algo como: "Eu sou mais rico do que você, logo, sou melhor do que você". A conclusão correta desse raciocínio seria: "Eu sou mais rico do que você, logo, minhas posses são maiores que as suas". Não somos nosso dinheiro, carros, imóveis ou quaisquer outros objetos que porventura se encontram sob nossa administração. O indivíduo que confronta alguém com a pergunta "Você sabe com quem está falando?" nunca refletiu profundamente sobre si mesmo. Ele certamente não espera ouvir como resposta que é mortal, limitado, poeira das estrelas, insignificante no universo e que será esquecido pouco tempo após sua morte.

Agora podemos compreender melhor por que nunca devemos culpar algo ou alguém por nossas perturbações. Após afirmar que não são as próprias coisas que nos perturbam, mas o pensamento que fazemos sobre elas, Epicteto afirma que, ao nos sentirmos impedidos, perturbados ou estressados com algo, jamais devemos culpar outras pessoas, mas tão somente os nossos próprios juízos. Ele faz então uma afirmação que encontrará ecos muitos séculos depois em Nietzsche. Vamos ler inicialmente a passagem de Epicteto contida em seu *Manual* (§ 5) e, em seguida, veremos como o filósofo alemão interpreta e se apropria dessa reflexão:

> É próprio do tolo culpar os outros quando as coisas vão mal para ele; aquele que já deu o primeiro passo em relação à sabedoria culpa a si próprio; aquele que já é sábio não culpa nem outra pessoa, nem a si mesmo.

Observe que Epicteto relaciona nessa passagem os graus de sabedoria à atribuição de culpa: quem nem mesmo iniciou seu processo de educação, coloca a culpa nos outros; quem está em formação, culpa a si mesmo; mas quem já atingiu uma educação filosófica plena, não culpa ninguém. Vejamos agora como Nietzsche interpreta esse trecho:

> *O ouvido faltante*: "Pertence-se ainda à populaça quando se coloca a culpa nos outros; está-se no caminho da sabedoria quando se responsabiliza a si mesmo; mas o sábio não coloca a culpa em ninguém, nem em si mesmo, nem nos outros" – Quem diz isso? – Epicteto, mil e oitocentos anos atrás. – Isso foi ouvido, mas esquecido. Não, isso não foi ouvido e não foi esquecido: nem todas as coisas se esquecem. Mas não se teve o ouvido para isso, o ouvido de Epicteto. – Então ele disse isso a si mesmo em seu ouvido? – É assim: a sabedoria é o assobio do solitário consigo mesmo em um mercado cheio[17].

A questão da culpa é central na filosofia de Nietzsche. O filósofo alemão afirma que Epicteto parece não ter sido ouvido nos últimos 1.800 anos, já que vivemos em uma cultura na qual a ideia de culpa e pecado desempenha um papel fundamental. Na verdade, Epicteto foi ouvido, mas depois esquecido, pois o destino do sábio é falar apenas para si mesmo, não encontrando ouvidos atentos nem mesmo na multidão. Para nós, um dos aspectos mais importantes nessa passagem é que Nietzsche atualiza a reflexão de Epicteto e a traz para a Modernidade: o sábio não culpa ninguém por aquilo que lhe acontece.

---

17. NIETZSCHE, F. *Menschliches, Allzumenschliches*. Munique: dtv, 2021a. § 386. Tradução nossa.

Nada nos pertence

Nunca devemos considerar que as coisas externas nos pertencem. Da mesma forma, tampouco devemos permitir que nossos afetos sejam aprisionados por aquilo que está fora de nós e não podemos controlar. Epicteto nos ensina que sempre que um objeto nos agradar, devemos afirmar em alta voz e de maneira clara que tipo de coisa aquilo é. Se gosto de um automóvel, por exemplo, devo afirmar: "eu gosto apenas de um dispositivo de locomoção". Se ele for danificado, o impacto emocional será menor. Ao beijarmos nossos filhos ou cônjuges, devemos lembrar a nós mesmos que estamos beijando apenas seres humanos. Se um deles morrer, e tivermos de fato alcançado esse nível de desapego, o sofrimento será menos devastador.

Tampouco devemos nos orgulhar das características das coisas externas. Se um cavalo afirmasse "como sou belo!", isso poderia ser tolerado. Quando seu dono, no entanto, exclama "que belo cavalo eu tenho!", ele deveria perceber que está orgulhoso de uma qualidade que não é sua, mas do animal. O que pertence ao dono é unicamente a ideia, o pensamento, a representação. Não devemos ter orgulho nem vergonha daquilo que não nos pertence – o que inclui também nossa reputação. Realmente importa a maneira como somos considerados pelos outros, tendo em vista que isso é algo externo que não podemos controlar? Podemos viver com integridade buscando construir um bom nome, mas a qualquer momento podemos também ser vítimas de calúnias, difamações e acusações infundadas. Isso deveria tirar nossa paz de espírito? Se compreendermos que honra e reputação são coisas externas, fora de nosso controle, então também não deveriam nos perturbar.

Tampouco devemos dizer que perdemos algo, mas apenas que o devolvemos. Se seu filho morreu, afirma Epicteto, você apenas o deu de volta; se sua mulher morreu, você apenas a restituiu. Nossa relação com as coisas deve ser sempre como a de um viajante com um hotel: tudo o que pensamos possuir não passa de bens alheios sob os nossos cuidados temporários. Somos na vida como convidados de um banquete: se certo alimento está sendo oferecido, estenda a mão e coloque modestamente um pouco no prato; se não for oferecido, também não insista.

Podemos afirmar algo semelhante quanto aos prognósticos e às expectativas sobre o futuro. Na época de Epicteto era comum entre os romanos observar os corvos, pois se acreditava que esses pássaros podiam anunciar eventos futuros. Por isso o filósofo estoico afirma que, se um corvo trouxer maus presságios, não devemos nos inquietar. O que ele anuncia não nos diz respeito, mas unicamente à nossa esposa, aos nossos filhos, aos nossos bens ou à nossa reputação. Quanto ao que realmente nos pertence, nada pode trazer dano algum a não ser nós mesmos. Em outra passagem, Epicteto diz algo semelhante sobre o adivinho. Ele afirma que ao buscarmos antecipar eventos futuros com um praticante dessa arte não devemos nos abalar se o prognóstico for desfavorável, e isso pelo mesmo motivo: nada do que um adivinho prevê nos diz respeito, mas apenas às coisas externas.

Hoje em dia a maioria de nós não acredita em corvos ou adivinhos, mas contamos com inúmeras outras formas de nos preocupar com o futuro. Um diagnóstico de uma doença incurável cumpre papel análogo, podendo abalar nossas estruturas e nos lançar em uma espiral de aflição, desespero e ansiedade. No capítulo "Sobre a brevidade da vida" comentamos que ansiedade é uma espécie de antecipação do futuro, e ali mostramos que, para Sêneca, devemos buscar o equilíbrio entre passado, presente e futuro – a ansiedade nada mais é do que um excesso de futuro em nossas mentes. Agora, com Epicteto, aprendemos algo mais: nossa inquietação diz respeito não apenas a eventos futuros, mas também a coisas que absolutamente não nos pertencem. Para os filósofos estoicos qualquer situação de ansiedade é injustificada, pois, se observarmos com atenção, nunca estamos ansiosos por coisas que de fato estão sob nosso controle.

O filósofo se faz pela prática

O *Manual* de Epicteto apresenta algumas prescrições práticas sobre a conduta do filósofo. Alguns comentadores observam que essa parte do livro destoa do restante da obra, sendo por isso incerta a sua origem. O que mais importa para nós, todavia, é como os estoicos daquele período concebiam a aplicação da filosofia à vida cotidiana. Sempre que, daqui em diante, falarmos em "filósofo", estaremos nos referindo a todo indivíduo que busca viver de acordo com os princípios da filosofia estoica.

O filósofo deve se calar na maioria das vezes, ou falar apenas o necessário e com poucas palavras. Se a situação exigir alguma conversa, que ele fale, mas não sobre trivialidades, lutas de espadas, corridas de cavalos ou comidas – temas corriqueiros repetidos em toda parte. E, acima de tudo, o filósofo não deve falar sobre pessoas: nem para maldizer, nem para louvar, nem para fazer comparações. O melhor é evitar ir a festas organizadas por aqueles que não apreciam a filosofia, assim como evitar refeições em companhia de estranhos ou de pessoas vulgares. Caso isso seja inevitável, o filósofo deve ficar atento para não cair em vulgaridades.

Também merecem a atenção do filósofo o número de suas posses e o tempo dedicado a certas atividades. Epicteto afirma que não devemos buscar mais do que o necessário quanto a comida, bebida, vestuário ou moradia. Nesse sentido, o corpo é a medida de nossas posses e, no que diz respeito à aparência ou ao luxo, o filósofo deve simplesmente rejeitá-los. Quanto ao uso do tempo, Epicteto afirma que o tempo dedicado aos cuidados com o corpo sinaliza algo sobre o indivíduo: seria sinal de frivolidade investir horas excessivas em atividades como se exercitar, comer ou beber. Tais ocupações devem ser realizadas de modo breve e acessório, apenas de passagem. Devemos dedicar o melhor de nosso tempo à alma – à vida interior e intelectual.

No que diz respeito à construção de uma boa reputação há duas regras práticas. Epicteto nos ensina que, se soubermos que alguém está falando mal de nós, não devemos tentar nos defender, mas apenas dizer: "essa pessoa não sabe dos meus outros defeitos; caso contrário não estaria falando apenas desses!" E quando em sociedade, não devemos falar com frequência sobre nossos próprios feitos ou experiências. Aquilo que nos dá prazer ao relatar pode não ser igualmente interessante para quem nos ouve.

O filósofo também nunca deve se autointitular como tal. Em vez de falar sobre filosofia entre os leigos, ele deve simplesmente *agir* entre eles, mostrar sua filosofia na prática, em seus atos. Em lugar de apenas discursar, por exemplo, sobre a forma apropriada de comer, o filósofo deve comer corretamente diante de todos – pois o filósofo se faz pela prática. Para Epicteto, a primeira e mais necessária parte da filosofia é a aplicação do pensamento à vida – por exemplo, não mentir. Apenas depois se deve investigar por que não mentir. O terceiro passo seria a fundamentação e a explicação do anterior. A filosofia contemporânea, no entanto, se ocupa majoritariamente dessa terceira etapa, quase nunca da primeira.

É importante também evitar discussões filosóficas antes de ter compreendido bem o assunto. Epicteto afirma que não devemos "vomitar" filosofia sobre os outros – uma imagem que se refere ao hábito de discutir um assunto de maneira superficial, sem antes assimilá-lo devidamente. A filosofia exige calma, reflexão e tempo, e também aqui devemos nos inspirar na natureza: a ovelha mastiga e digere seu alimento com tranquilidade, sem mostrar aos outros o que está comendo. Somente após a digestão esse alimento se transforma em leite e lã. Devemos nos inspirar neste processo para fazer filosofia: primeiro aprendemos em silêncio, com serenidade, e apenas depois apresentamos os resultados na vida prática.

Deveríamos tomar ao pé da letra todas essas recomendações do *Manual* de Epicteto? Sem dúvida, alguns de seus princípios continuam tão pertinentes hoje quanto há dois mil anos – como evitar falar excessivamente sobre si mesmo ou a forma adequada de fazer filosofia. Em um mundo cada vez mais acelerado, tendemos a acreditar que até mesmo a filosofia deve se submeter à lógica das respostas rápidas e fáceis, como se existisse um *fast food* filosófico. Mas não é assim. A filosofia ainda hoje exige as mesmas condições de profundidade e reflexão que lhe eram próprias no tempo dos gregos e dos romanos. Quanto a aspectos mais pontuais, havia divergência já entre os filósofos da Antiguidade. Na questão das riquezas, por exemplo, Sêneca afirmava que não havia problema algum em possuir mais do que o necessário – desde que a relação não se invertesse e as riquezas passassem a possuir o seu possuidor. Em sua obra *Sobre a vida feliz* ele afirma: "Parem de proibir ao filósofo possuir dinheiro. Ninguém condenou a sabedoria à miséria".

O mais importante é compreender que a filosofia não é meramente uma atividade do intelecto, mas algo que abrange todas as esferas de nossas vidas e submete até mesmo as atividades mais banais ao crivo da reflexão. Hoje devemos nos perguntar, por exemplo, se o tempo que passamos em dispositivos eletrônicos e redes sociais é compatível com a vida filosófica: Isso nos torna melhores em algum aspecto? Contribui de fato para a tranquilidade de nossa alma? As opiniões dos outros estão sob nosso controle? É neste sentido que o filósofo se faz pela prática: examinando seus próprios hábitos e agindo segundo a razão para uma boa vida.

Sobre a morte

O filósofo não é o único a se ocupar do tema da morte. Um médico também tem algo a dizer sobre o assunto, mas talvez não possa ir muito além de afirmar que a morte é o fim de toda atividade cerebral. Psicólogos também se ocupam do tema com frequência, oferecendo suporte a pessoas em luto ou enfrentando um medo patológico de morrer. No trabalho de um estatístico, a morte representa pouco mais do que insípidos números, ao passo que, para um sociólogo, ela pode ser estudada como um fato social em suas múltiplas determinações culturais. Não são esses aspectos, todavia, que mais nos inquietam enquanto seres humanos. O que dizer sobre o significado da morte para nossas vidas? Como ela pode mudar nosso comportamento e a forma como encaramos o mundo? Como o sábio deve lidar com a consciência de seu inescapável fim? É racional temer a morte?

Reflexões desse tipo são tarefa da filosofia. É necessário esclarecer, contudo, o que caracteriza uma reflexão de fato *filosófica* sobre a morte. Ludwig Wittgenstein afirmou no desfecho de sua obra *Tractatus logico-philosophicus* que "sobre o que não se pode falar, deve-se calar". Tomamos essa reflexão como princípio a fim de fazer filosofia de maneira segura, apoiando-nos somente no firme terreno da experiência e da razão. Isso significa que, ao falar sobre a morte, evitaremos tocar em temas tais como uma possível continuação da vida após o fim de nossa existência física, pois estes ultrapassam os limites daquilo que nos é dado na experiência.

Também não podemos falar sobre a nossa própria morte. Até onde sabemos, ninguém faz filosofia depois de morrer, de modo que só podemos falar sobre a *expectativa* que temos quanto ao nosso próprio fim. Sabemos que a morte existe porque vemos outras pessoas e seres vivos morrendo, não porque nós próprios já passamos pelo processo. A morte dos outros – assim como situações de enfermidade – nos faz sentir a fragilidade da vida, levando-nos a refletir também sobre o seu significado. Pensar seriamente sobre tal tema faz com que cada um encare a si mesmo, e isso pode ser libertador: a certeza de que um dia não estaremos mais neste mundo nos leva a refletir sobre o que realmente importa.

Antes da filosofia, as religiões e os mitos já tentavam nos tranquilizar e solucionar o enigma da morte. E de maneira não surpreendente, as soluções oferecidas coincidiam exatamente com o que gostaríamos que fosse verdade, sendo essa a razão de Sigmund Freud ter chamado as religiões de "ilusões". Não que elas sejam falsas, pois não se trata aqui de avaliar seu valor de verdade. Trata-se, antes, de perceber que o discurso religioso satisfaz exatamente nossos desejos, sobretudo no que diz respeito à superação de nossa própria mortalidade.

As primeiras tentativas teóricas de lidar com a morte foram teológicas. Dependendo da religião, a morte é vista como um fim temporário ou definitivo da vida, mas, no que diz respeito à nossa existência, a morte nem sempre foi vista como seu fim completo. Tomemos, por exemplo, o cristianismo sob influência do neoplatonismo nos primeiros séculos da era cristã. A morte era vista nesse período como um fim temporário de uma parte do homem, de modo que a morte destruía apenas o corpo humano. A alma, no entanto, permanecia viva até a ressurreição definitiva. O cristianismo anterior, por sua vez, mais próximo do judaísmo e longe das influências neoplatônicas, acreditava que a morte era o fim completo da existência humana, mas apenas temporário: a morte aniquilava tanto o corpo quanto a alma do indivíduo, mas apenas até a ressurreição no fim dos tempos, quando ambos seriam restabelecidos. No platonismo e no budismo, a morte é o fim irreversível do corpo do indivíduo, mas sua alma permanece intacta. Já para o materialismo antigo, como aquele representado por Demócrito, Epicuro e Lucrécio, a morte é o fim definitivo tanto do corpo quanto da vida anímico-espiritual do ser humano.

Abordaremos neste capítulo principalmente filósofos da Antiguidade. Mencionaremos as posições de Sócrates, de Epicuro e de alguns estoicos, além de indicarmos também um clássico da literatura russa que aborda esse tema. O assunto é vasto e há livros inteiros dedicados apenas a esse tópico, mas as reflexões que apresentaremos a seguir estão entre as mais relevantes da história da filosofia.

O que tememos na morte?

Sócrates dizia que o medo da morte é ignorância e presunção de saber. Segundo o filósofo grego, ninguém pode dizer se a morte é algo melhor que a vida ou não, de onde resulta que não faz sentido temer algo que, na verdade, pode ser até melhor do que a própria vida. Platão nos conta em sua obra *Apologia de Sócrates* que, durante sua defesa no julgamento que o condenaria à morte, o ateniense afirmou o seguinte ao público:

> Pois que, ó cidadãos, o temer da morte não é outra coisa que parecer ter sabedoria, não tendo. É de fato parecer saber o que não se sabe. Ninguém sabe, na verdade, se por acaso a morte não é o maior de todos os bens para o homem, e entretanto todos a temem, como se soubessem, com certeza, que é o maior dos males. E o que é senão ignorância, de todas a mais reprovável, acreditar saber aquilo que não se sabe? Eu, por mim, ó cidadãos, talvez nisso seja diferente da maioria dos homens, eu diria isto: não sabendo bastante das coisas do Hades, delas não fugirei.

Sócrates reconhece sua ignorância sobre o que se passa na morte e mantém sua humildade intelectual: ele não fará afirmações baseadas em sua ignorância, revelando também nesse tema coerência com sua postura filosófica adotada por toda a vida e em todas as áreas. Uma das lições mais importantes que devemos levar dessa passagem é que temer a morte é arrogância e presunção de saber.

Havendo justificativa racional ou não, esse medo é real. Mas o que exatamente tememos na morte? Não seria esse temor justamente uma reação ao desconhecido? A questão é que não reagimos da mesma maneira e com a mesma intensidade a tudo aquilo que ignoramos. Muitas vezes somos até mesmo atraídos por algo que desconhecemos, e o encontro com algo novo pode produzir sensações bem diversas, tais como admiração ou espanto. Parece que o medo da morte tem suas raízes nas mais profundas e inescrutáveis regiões de nossa estrutura humana, mas isso não significa que não possamos, por meio da razão, exercer algum controle sobre ele.

Os próprios gregos nos fornecem uma possível explicação sobre o que exatamente tememos na morte. Na década de 1830 um texto sagrado da religião órfica, datado aproximadamente do século III a.C., foi descoberto em escavações no sul da Itália. Nessas tábuas de ouro havia instruções aos mortos que chegassem ao Hades, indicando-lhes o que fazer assim que estivessem no mundo dos mortos. O poema diz o seguinte:

> Você encontrará uma fonte à esquerda do Hades, e ao seu lado um cipreste branco. Nem mesmo se aproxime dessa fonte. Você encontrará outra, a do Lago da Memória, jorrando água fresca. Na frente dela há guardas. Você deve dizer:

> "Sou filho da Terra e do Céu estrelado, vocês sabem disso. Tenho sede e pereço. Deem-me da água fresca que jorra do Lago da Memória". E eles próprios lhe darão de beber da fonte divina, e então você reinará junto aos outros heróis[18].

O trecho detalha bem alguns aspectos do Hades, o mundo dos mortos. As instruções são dadas como se partissem de alguém que conhece bem o local, como um deus ou um indivíduo que tivesse voltado de lá. Observe que o objetivo final da instrução é mostrar como encontrar e beber da fonte da memória (*Mnemósine*) para viver junto aos heróis, passando ao largo da primeira fonte – que nem mesmo é nomeada –, geralmente considerada como a fonte do esquecimento (*Lethe*). O que esse texto nos revela é que o pior da morte não seria a mera passagem ao Hades, mas sim o *esquecimento*. Se após a nossa morte pudéssemos pelo menos continuar vivos na memória dos outros, a morte seria então algo menos terrível. Essa luta contra o esquecimento era parte importante da cultura grega.

---

18. RUSSELL, B. *History of Western Philosophy*. Londres: Routledge Classics, 2004.

Superando o esquecimento

A luta contra o esquecimento parece ter sido uma das principais motivações de Aquiles ao escolher lutar na Guerra de Troia. Lemos na *Ilíada*, de Homero, que Aquiles tinha duas opções: deixar a guerra e envelhecer em paz, vivendo muitos anos, mas ser esquecido após sua morte, ou continuar lutando, morrer jovem, mas ser lembrado por inúmeras gerações pelos feitos que lá realizaria. Vejamos esta passagem da *Ilíada:*

> Tétis, a deusa de pés argentinos de quem fui nascido, já me falou sobre o dúplice Fado que à Morte há de dar-me; se continuar a lutar ao redor da cidade de Troia, não voltarei mais à pátria, mas glória hei de ter sempiterna; se para casa voltar, para o grato torrão de nascença, da fama excelsa hei de ver-me privado, mas vida mui longa conseguirei, sem que o temor da Morte mui cedo me alcance[19].

Aquiles poderia viver ainda muitos e longos anos. A deusa Tétis lhe deu a opção de voltar para casa e desfrutar de uma pacata existência por muitas outras décadas,

19. HOMERO. *Ilíada*. Rio de Janeiro: Ediouro, 2003. IX. p. 410-416.

mas não foi essa sua decisão. Para o herói grego era mais importante conquistar glória e ser lembrado do que simplesmente levar uma vida insignificante e anônima em algum rincão desta Terra. A motivação de Aquiles parece envolver a compreensão de que vencemos nossa própria morte quando somos lembrados. O pior, então, não é morrer, mas ser esquecido. Já que não é possível evitar a morte, podemos pelo menos realizar feitos que ultrapassem a nossa existência.

Outra maneira de transcender a própria finitude residiria, de acordo com Platão, na geração de filhos. Segundo o filósofo grego, a procriação representa o mortal tentando imitar o imortal, impulsionado por Eros. Todos os seres da natureza, ao se reproduzirem, estão sobrevivendo a si próprios em seus filhos. Vejamos esta passagem de sua obra *O banquete*:

> [...] a natureza mortal procura, na medida do possível, ser sempre e ficar imortal. E ela só pode assim, através da geração, porque sempre deixa um outro ser novo em lugar do velho; pois é nisso que se diz que cada espécie animal vive e é a mesma – assim como de criança o homem se diz o mesmo até se tornar velho [...].

Mas se nossos filhos são, de alguma forma, nossa presença continuada neste mundo, mesmo eles não garantem ainda que seremos lembrados após várias gerações. Isso é muito claro em nossa cultura hoje: a maioria de nós tem escasso ou nenhum conhecimento sobre os próprios antepassados, sendo poucas as famílias que têm uma árvore genealógica ou registros familiares semelhantes.

Essa busca pela imortalidade aparece também no trabalho não alienado e nas criações artísticas. Ao se objetivar ou se exteriorizar em suas obras, o indivíduo supera a si próprio e sobrevive a seu próprio corpo. O objeto gerado pelo trabalho, assim como a obra de arte, é uma exteriorização do homem, uma objetivação deste. O homem cria um objeto e se realiza enquanto humano nessas exteriorizações. E talvez seja essa a razão do leve apaziguamento que experimentamos em nossa angústia de morte quando percebemos que muitos dos que já morreram ainda são lembrados por seus feitos. Sentimos com isso que, de alguma maneira, mesmo após nossa morte, poderemos continuar neste mundo. A morte não é vista como uma aniquilação completa enquanto ainda existir quem se lembre de nós, aprecie as obras de arte que criamos, leia os livros que escrevemos ou admire os feitos que realizamos.

A filosofia prepara para a morte

Vários filósofos ao longo da história defenderam a ideia de que a filosofia era uma espécie de preparação para a morte. O objetivo principal do amor à sabedoria seria não somente o conhecimento pelo conhecimento ou a busca desinteressada pela verdade, mas estaria relacionado também a um componente prático. Podemos considerar Sócrates como a matriz dessa tradição, como podemos ler na seguinte passagem da obra *Fédon*, de Platão:

> Quando uma pessoa se dedica à filosofia no sentido correto do termo, os demais ignoram que sua única ocupação consiste em preparar-se para morrer e em estar morto! Se isso é verdadeiro, bem estranho seria que, assim pensando, durante toda sua vida, que não tendo presente ao espírito senão aquela preocupação, quando a morte vem, venha a irritar-se com a presença daquilo que até então tivera presente no pensamento e de que fizera sua ocupação!

Sócrates fez essa afirmação a alguns amigos enquanto esperava por sua execução. Ele já havia sido julgado e condenado, e enquanto esperava o momento de beber a cicuta, conversou com alguns discípulos sobre temas como a morte e a imortalidade da alma. Nessa passagem Sócrates mostra claramente que o filósofo é alguém que tem a morte diante de seus olhos todos dias, o que faz com que ele não se surpreenda ou se desespere quando finalmente chega a hora do encontro com o fim último de todo ser humano.

A posição de Sócrates foi desenvolvida por outras escolas filosóficas. O imperador romano Marco Aurélio, um seguidor do estoicismo, também afirma algo no sentido de que a filosofia é uma preparação para a morte. Esta passagem de sua obra *Meditações* é um pouco mais longa, mas vale a pena ser lida na íntegra, não apenas pela riqueza de seu conteúdo, mas também pela beleza poética de sua formulação:

> Da vida humana, a duração é um ponto; a substância, fluida; a sensação, apagada; a composição de todo o corpo, putrescível; a alma, inquieta; a sorte, imprevisível; a fama, incerta. Em suma, tudo que é do corpo é um rio; o que é da alma, sonho e névoa; a vida, uma guerra, um desterro; a fama póstuma, olvido. O que, pois, pode servir-nos de guia? Só e única a Filosofia. E ser um filósofo consiste em guardar o nume interior livre de insolências e danos, mais forte do que os prazeres e mágoas, nada fazendo com leviandade, engano e dissimulação, nem precisando que outrem faça ou deixe de fazer nada, acatando, ainda, os eventos e quinhões que lhe tocam, como vindos da mesma origem qualquer donde vem ele próprio; sobretudo, aguardando de boa mente a morte, qual mera dissolução dos elementos de que se compõe cada um dos viven-

> tes. Se os elementos mesmos nada têm a recear da contínua transformação de cada um em outro, por que havemos de temer a transformação e dissolução do todo? Ela é conforme a natureza e não existe nenhum mal conforme a natureza.

Perceba nessa passagem o recurso ao mundo natural, uma das principais características da filosofia estoica. A morte deve ser percebida, segundo o imperador romano, como um evento natural qualquer, como uma mera transformação química de elementos. Ela é algo conforme a natureza, e como não existe nenhum mal no mundo natural, o filósofo não deve então deixar se abalar por aquilo que sucede conforme as leis que regem todo o universo. Lemos nessa passagem que a composição de nosso corpo é putrescível, que tudo é um fluxo constante e que apenas a filosofia pode nos servir de guia nesse cenário imprevisível e desolador.

Marco Aurélio escreveu sua obra *Meditações* para si mesmo. Ela era uma espécie de diário em que o imperador romano registrava o que havia aprendido em seus estudos filosóficos e precisava praticar em seu cotidiano, e apenas muitos séculos depois de sua morte é que o texto foi publicado em livro. Na passagem que leremos a seguir, perceba que ele está orientando a si mesmo sobre a morte, mas que, enquanto leitores, recebemos tais palavras como direcionadas a nós:

> Não desprezes a morte; dá-lhe boa acolhida, como a uma das coisas que a natureza quer. A decomposição é em si mesma um fenômeno

> como a juventude, a velhice, o crescimento, a maturidade, o aparecimento dos dentes, da barba, das cãs, a fecundação, a gravidez, o parto e quantas outras operações naturais trazem as quadras da tua vida.
>
> Portanto, diante da morte, a atitude do homem que raciocina não é recebê-la com revolta, violência ou soberba, mas aguardá-la como uma das operações naturais. Como aguardas agora que o nascituro saia um dia do ventre de tua esposa, assim acolhe a hora em que tua alma escapará desse invólucro.

Novamente nesse trecho percebemos o recurso ao mundo natural. Passamos por inúmeras fases no processo de crescimento e decadência, mas a maioria de nós não vê a morte como apenas mais uma delas. O homem cresce barba, a mulher desenvolve seios, nossos cabelos se tornam grisalhos e nossa pele enruga, mas apenas a morte é percebida com temor, como se não fosse apenas mais uma das partes desse ciclo. A filosofia deve nos servir de guia todos os dias de nossas vidas a fim de que não sejamos surpreendidos por um mero evento natural. E quando falamos "todos os dias", isso significa que tais ensinamentos devem ser revisitados com frequência, pois não basta ler tais reflexões apenas uma vez. Em diversos trechos de suas *Meditações,* Marco Aurélio relembra a si mesmo importantes lições que ele já havia esquecido, mostrando que a luta da razão contra o senso comum e as emoções acontece diariamente.

A morte na literatura

Também a literatura pode nos ajudar a refletir sobre questões existenciais. Enquanto retrato do mundo, obras de ficção nos ajudam a trabalhar no pensamento e na imaginação situações pelas quais já passamos ou eventos que talvez ainda venhamos a encontrar. Em *A morte de Ivan Ilitch*, do escritor russo Leon Tolstói, acompanhamos os últimos dias de seu protagonista e todos os desdobramentos que isso traz para seus amigos, familiares e a si mesmo.

A morte de Ivan Ilitch fala sobre um sujeito confrontando uma força impessoal esmagadora. O antagonista aqui não é, no entanto, a natureza ou uma catástrofe climática, mas uma doença, algo orgânico que, embora interno, é visto como externo. A enfermidade de Ivan Ilitch pode ser vista como um sintoma de nossa inescapável mortalidade.

Logo nas primeiras linhas da obra somos informados que Ivan Ilitch morreu. Ele esteve doente por várias semanas, e nenhum médico foi capaz de descobrir o que exatamente ele tinha. O narrador nos conta que a vida de Ivan foi a mais simples e comum possível, e acrescenta: também a mais terrível. Ivan morreu aos 45 anos de idade, depois de ter alcançado aquilo que a maioria considerava prestigioso e tinha como seu principal objetivo de vida: uma boa casa, uma família e um bom cargo. O que mais importava para Ivan Ilitch era o seu trabalho. O narrador nos conta como Ivan subiu de cargo e aumentou seu salário até conquistar o que era admirado em seu círculo social. Tudo o que ele conquistou era exatamente como o de todos, de modo que ninguém nem mesmo olhava uma segunda vez para sua casa, mas ele a considerava especial.

A estrutura da obra e o ritmo de seu desenvolvimento são interessantes. Como o primeiro capítulo já inicia dizendo que Ivan Ilitch morreu – o que é antecipado também pelo próprio título da obra –, não há nenhum suspense relativo ao desfecho da história. Depois da primeira seção, na qual o tema é a recepção da notícia da morte de Ivan, o tema dos capítulos seguintes é a vida do protagonista, e o narrador nos conta sobre a vida de Ivan a partir de seus 43 anos de idade. Isso significa que os sete últimos capítulos cobrirão não mais do que dois anos de vida, e Tolstói vai diminuindo o ritmo da narrativa, de modo que, para nós, leitores, a impressão é a do paradoxo de Zenão: quanto mais perto da morte de Ivan Ilitch, mais tempo é necessário para chegar a esse evento. Com a proximidade do fim, Ivan começa a passar sua vida em revista. Ele chora, e ao se lembrar das experiências de sua infância, tem a impressão de que elas pertenciam a outra pessoa, a alguém que não existe mais. Esse é o momento em que ele também questiona Deus: Por que Ele permitiu tal coisa? Por que Ele o atormenta tão terrivelmente?

A obra nos chama a refletir sobre a melhor maneira de vivermos nossas vidas. Mas o que significa, na verdade, uma boa vida? E como alcançá-la? A vida de Ivan Ilitch valeu a pena? Gostaríamos de estar em seu lugar, vivendo a sua vida? Todos teremos o mesmo destino de Ivan, mas o caminho até lá pode ser diferente para cada um de nós.

Encontramos outro exercício de antecipação da própria morte no pensamento na literatura brasileira. Em seu poema *Se eu morresse amanhã*, Álvares de Azevedo faz experimentos com a ideia de um mundo sem sua presença. Na primeira estrofe ele fala que, se morresse amanhã, sua irmã viria fechar seus olhos, e sua mãe morreria de saudades. Na segunda, ele mostra ter esperanças em um futuro radiante e glorioso afirmando: "Quanta glória pressinto em meu futuro!" Se ele morresse no dia seguinte, no entanto, todas essas expectativas seriam em vão. Interessante notar que foi exatamente isso o que aconteceu com o jovem poeta: imortalizado na Academia Brasileira de Letras, como patrono da segunda cadeira, Álvares de Azevedo morreu aos 21 anos de idade. Ele tinha um futuro brilhante pela frente, mas morreu jovem demais.

Na continuação do poema ele afirma que a morte seria o fim também de toda sensibilidade e contemplação estética da natureza. Na terceira estrofe o autor fala sobre o céu e a natureza, mas ele não mais teria nenhuma dessas sensações se morresse no próximo dia. E a morte seria também o fim de suas aflições, de sua ânsia de glória, dando fim à dor que ele sentia em seu peito. Temos nesse poema um exercício de antecipação da própria morte pelo pensamento, algo semelhante ao que Marco Aurélio fez em diversas passagens de suas *Meditações*. Pensar que amanhã não estaremos mais aqui nos faz enxergar melhor o que há de realmente importante para fazer hoje.

Sobre o desejo

Já lhe ocorreu alguma vez que a fonte de várias de nossas infelicidades é simplesmente o desejo? Que se desejamos de forma inapropriada isso nos traz perturbações e sofrimentos evitáveis? Às vezes sofremos por não conseguir o que queremos, mas outras vezes sofremos justamente porque alcançamos o nosso objetivo. Quando sofremos por um amor não correspondido, por exemplo, nossa dor vem de um desejo não realizado. Quando sofremos por fracassar em um objetivo qualquer, como na conquista de um emprego ou de uma vaga na universidade, o motivo de nossa dor é supostamente aquilo que nos falta. Também podemos sofrer, todavia, justamente por conseguir o que buscávamos. Quando comemos algo que não deveríamos e quebramos nossa dieta, nossa consciência nos acusa e nos sentimos mal, não por uma abstinência, mas justamente por uma indulgência. De maneira semelhante, quando bebemos álcool sem moderação em uma festa e acordamos na manhã seguinte com uma forte dor de cabeça, também estamos sofrendo por termos cedido ao nosso desejo. Como podemos ver, o desejo pode nos trazer sofrimento e infortúnios, seja ele realizado ou não.

Esse tema é muito vasto e já foi tratado por inúmeros filósofos e pensadores, de modo que mesmo se escrevêssemos um livro de mil páginas sobre o assunto, ainda restaria muito o que dizer. Pretendemos nesta seção apresentar reflexões sobre o desejo a partir de duas perspectivas apenas: a budista e a epicurista. Tomamos aqui o budismo em uma perspectiva racional, filosófica, como um diagnóstico da situação humana, como uma análise racional da nossa condição, não como uma religião. Quanto ao epicurismo, esta foi uma escola filosófica da Grécia antiga surgida depois da morte de Sócrates, no período helenístico, a qual guarda similaridades com o estoicismo. Também traremos algumas reflexões de Arthur Schopenhauer, filósofo alemão do período moderno, que deu grande importância ao assunto. Compreender a natureza do desejo e suas diversas manifestações é essencial para mantermos o controle de nós mesmos, e neste capítulo vamos mostrar que, se passarmos nossos desejos pelo crivo da razão, teremos uma vida mais equilibrada.

As quatro nobres verdades

Vamos falar inicialmente sobre o desejo no budismo. O núcleo da doutrina budista assemelha-se muito mais a uma filosofia do que a uma religião. Se conhecemos o budismo hoje apenas como uma das principais religiões do mundo, isso se deve ao fato de que, após séculos de prática budista, uma religião de fato se ergueu sobre as doutrinas originais de Siddhartha Gautama, o Buda. Um exame atento dos primeiros textos da tradição budista pode oferecer, todavia, uma visão mais próxima de seu núcleo original.

Essas doutrinas mostram o budismo como uma visão de mundo mais naturalista do que metafísica. No centro de sua reflexão está a experiência humana neste mundo, aqui e agora, e seu objetivo é nos auxiliar na busca por uma vida sem sofrimento. Isso fica evidente ao estudarmos as quatro nobres verdades, as quais apresentaremos a seguir na formulação de Bukkyo Dendo Kyokai[20]. Perceba que não haverá referência a qualquer questão moral ou a um além-mundo. As quatro nobres verdades são essencialmente materialistas, no sentido de que não lhes interessa se existe um deus, se temos uma alma ou se existe uma vida após a morte.

20. Organização japonesa dedicada à difusão do budismo em todo o mundo.

1. O mundo está cheio de sofrimentos. O nascimento, a velhice, a doença e a morte são sofrimentos, assim como o são o fato de odiar, estar separado de um ente querido ou de lutar inutilmente para satisfazer os desejos. De fato, a vida que não está livre dos desejos e paixões está sempre envolta com a angústia. Eis o que se chama a Verdade do Sofrimento.

2. A causa do sofrimento humano encontra-se, sem dúvida, nos desejos do corpo físico e nas ilusões das paixões mundanas. Se estes desejos e ilusões forem investigados em sua fonte, poder-se-á verificar que eles se acham profundamente arraigados nos instintos físicos. Assim, o desejo tendo um grande vigor já em sua base, pode manifestar-se em tudo, inclusive em relação à morte. A isto se chama a Verdade da Causa do Sofrimento.

3. Se o desejo, que se aloja na raiz de toda a paixão humana, puder ser removido, aí, então, morrerá esta paixão e desaparecerá, consequentemente, todo o sofrimento humano. Isto é chamado a Verdade da Extinção do Sofrimento.

4. Para se atingir um estado de tranquilidade, em que não há desejo nem sofrimento, deve-se percorrer o Nobre Caminho, galgando suas oito etapas, que são: Percepção Correta, Pensamento Correto, Fala Correta, Comportamento Correto, Meio de Vida Correto, Esforço Correto, Atenção Correta e Concentração Correta. Eis a Verdade do Nobre Caminho para a Extinção dos Desejos.

O diagnóstico budista sobre a vida humana surge da simples observação da experiência cotidiana: a vida é sofrimento, ou *Dukkha*, termo sânscrito que também pode significar "insatisfação". É importante mencionar essa tradução alternativa porque se vertemos esta palavra apenas como "dor", isso tornaria o diagnóstico budista mais vulnerável a contra-argumentos, tendo em vista que um estado de sofrimento não é o que caracteriza a vida humana de forma geral. A maioria de nós não passa a maior parte do tempo com dores no corpo, por exemplo, embora haja algumas exceções. Se dissermos, todavia, que estamos sempre insatisfeitos, isso de fato nos descreve enquanto seres faltantes que somos: precisamos não apenas de várias refeições em um mesmo dia, mas sempre que alcançamos um objetivo qualquer, iniciamos cedo ou tarde a busca por um novo.

Perceba que as quatro nobres verdades do budismo apresentam apenas o diagnóstico de um mal e a receita para sua cura. Elas afirmam que o mundo está cheio de sofrimento e insatisfação, e que sua causa se encontra nos desejos do corpo físico e nas ilusões das paixões mundanas. Se o desejo, que se aloja na raiz de toda paixão humana, puder ser removido, então também as paixões morrerão, desaparecendo, por conseguinte, todo sofrimento. E para se atingir um estado de tranquilidade, em que não há desejo nem sofrimento, devemos percorrer o chamado "Nobre Caminho", nome dado a uma série de práticas organizadas em oito etapas. O que mais nos interessa aqui é o fato de o desejo ser colocado como a principal causa do sofrimento humano, revelando não apenas uma ligação essencial entre ambos, mas também a necessidade de uma vigilância contínua e atenta do que se passa em nosso interior.

Epicuro e o helenismo

Falamos até o momento sobre o desejo de maneira geral. A partir de agora veremos com o filósofo grego Epicuro que podemos ser mais específicos quanto às diversas manifestações do desejo, o que nos mostrará não ser necessário evitar todo e qualquer desejo: podemos ceder a alguns sem que isso traga perturbações à nossa alma, mas, para isso, é necessário compreender seus tipos.

Antes, vamos apresentar brevemente esse filósofo. Epicuro nasceu em 341 a.C. na Ilha de Samos, na Grécia, e morreu em 271 na cidade de Atenas. Suas aulas eram dadas em sua própria casa, na qual havia um jardim, e por isso ele acabou recebendo o título de "filósofo do jardim". Ao contrário de Platão e Aristóteles, que lecionavam na Academia e no Liceu, respectivamente, Epicuro era bem mais modesto e não possuía nenhuma sede grandiosa para sua escola. Seu jardim era como uma horta, e ele se reunia com seus discípulos mais como amigos do que como alunos, e por isso esse local era chamado também de jardim da amizade, ou dos prazeres.

O filósofo do jardim estava interessado sobretudo no tema da vida feliz, mas não apenas nisso: Epicuro escreveu mais de trezentas obras. Seu *Tratado da natureza*, por exemplo, continha 37 livros, e abordava temas como os átomos e o vácuo. O conceito de filosofia para Epicuro é inseparável da intenção de evitar ao ser humano todo o sofrimento possível, e por isso ele afirmava que "todo desejo incômodo e inquieto se dissolve no amor da verdadeira filosofia".

Para Epicuro, é vazio o discurso filosófico que não cura nenhum sofrimento. Já falamos anteriormente que, para ele, assim como a medicina é inútil quando não cura o corpo, da mesma forma é supérflua a filosofia que não cura o sofrimento da alma. Em suas palavras: "Assim como realmente a medicina em nada beneficia, se não liberta dos males do corpo, assim também sucede com a filosofia, se não liberta das paixões da alma". Perceba que, séculos antes de Cristo, Epicuro já praticava uma concepção de filosofia cuja principal finalidade era terapêutica.

O contexto histórico também foi determinante para o tipo de filosofia praticado por Epicuro. Quando Sócrates, Platão e Aristóteles exerceram suas atividades, Atenas já passava por crises políticas, até ser conquistada pelos macedônios sob o comando do Rei Felipe, pai de Alexandre o Grande. A perda da liberdade, para os gregos, trouxe reflexos também para a filosofia, de modo que não havia mais espaço, interesse ou esperança para pensar a política como antes havia feito Platão, por exemplo, o qual chegou a escrever uma obra sobre uma república ideal. Diante da sensação de impotência perante o *status quo*, a saída era se refugiar principalmente para o interior do homem ou para a ciência. Por isso as escolas filosóficas desse período, como a cirenaica, a cínica e a estoica, se preocupavam mais em garantir a paz interior do que em transformar a realidade. Houve, de fato, utopias e escritos políticos no período do helenismo, mas sua produção é marginal em comparação aos outros temas abordados pelas escolas desse período. De certa maneira, Epicuro é filho de seu tempo, e por isso ele afirma que o filósofo não participará da política, salvo quando extremamente necessário.

Os três tipos de desejo

O objetivo geral da filosofia, para Epicuro, era alcançar o que ele denominava sumo bem. Este seria um estado de tranquilidade interior e de imperturbabilidade da alma, semelhante ao que os estoicos chamavam de ataraxia. Por identificar a ataraxia ao prazer, Epicuro foi ainda em sua época classificado como um hedonista, mas é necessário esclarecer algumas incompreensões sobre o conteúdo de seu hedonismo.

Podemos definir o hedonismo como a doutrina segundo a qual a busca do prazer é não apenas o critério da moral, mas também o objetivo de toda ação humana. Para Epicuro, no entanto, esse prazer deve ser contido; caso contrário, resultará em dor. O filósofo do jardim observou e distinguiu os desejos humanos em três categorias: desejos naturais e necessários; desejos naturais, mas não necessários; e desejos não naturais e não necessários.

No primeiro grupo Epicuro classificou os desejos ligados à conservação da vida do indivíduo. Estes seriam os únicos válidos, pois subtraem a dor do corpo. Exemplos seriam comer quando se está com fome, beber quando se está com sede ou repousar quando se está cansado. No segundo grupo se enquadram os desejos oriundos de variações supérfluas dos prazeres naturais, tais como comer bem, beber bebidas refinadas ou vestir-se com luxo. Precisamos de fato comer e beber para sobreviver, mas para isso não é necessário comer *bem* ou beber bebidas *refinadas*. E no terceiro grupo estão os desejos "vãos", nascidos das "vãs opiniões dos homens", que são os desejos ligados à obtenção de riqueza, poder, honras e similares.

Para o filósofo do jardim, somente os desejos e prazeres do primeiro grupo são sempre plenamente satisfeitos, pois têm por natureza um limite preciso que consiste na eliminação da dor. Uma vez que essa foi eliminada, o prazer não cresce mais, ou seja, não conduz ao vício. Os do segundo grupo já não têm esse limite e, por isso, podem provocar danos, assim como os do terceiro, que são ainda piores: quem deseja riqueza ou poder, não importa o quanto tenha, sempre buscará mais. Esses desejos não são naturais aos seres humanos, mas são inculcados em nós pela sociedade e por falsas crenças sobre o que realmente precisamos.

O epicurismo defendia, por essa razão, que não precisamos de mais nada se tivermos pão, água e um abrigo qualquer para o corpo. A riqueza supérflua traz para a alma uma aspiração de desejos sem-fim, o que nos causará dor e perturbação. Por isso Epicuro também afirmava: "Encontro-me cheio de prazer corpóreo quando vivo a pão e água e cuspo sobre os prazeres da luxúria, não por si próprios, mas pelos inconvenientes que os acompanham". Se tenho fome e me alimento apenas de pão e água, chegarei ao meu limite tão logo meu corpo sinalize ter recebido o necessário. Se minhas refeições, no entanto, se orientam não apenas para a nutrição, mas também para o prazer, estarei sempre em busca de variações, pois tão logo aquele cardápio deixe de proporcionar as sensações agradáveis de outrora, precisarei encontrar um substituto. O sábio deve ponderar então pelo caminho mais apropriado para a tranquilidade de sua alma: a variação sem-fim do menu ou o controle racional de seu desejo.

Não seria isso talvez exagerado? Será que a felicidade realmente depende de refeições simples? Não necessariamente. O importante aqui é compreender o princípio, não os exemplos. Filósofos como Georg W. F. Hegel não gostavam de ilustrar o que diziam justamente pelo fato de os leitores fixarem mais os exemplos do que os princípios, o que pode levar a incompreensões. Na filosofia, contudo, devemos nos esforçar para pensar de maneira abstrata a fim de que nós próprios sejamos capazes de compreender e aplicar as regras gerais. No presente caso não se trata de elaborar uma lista sobre o que é permitido fazer e o que é proibido, mas de compreender que a natureza do desejo é tal que, se ele não tiver limites naturais, ele nos trará perturbações, não importando se seu objeto é a comida, a roupa ou o sexo.

Lidar com o desejo nem sempre é fácil. Cada pessoa é única não apenas em relação aos outros, mas até mesmo quando considerada em cada fase de sua vida, de modo que muitos objetos que nos atraíam na infância não causam o menor apelo em nossa maturidade. Todos conseguimos nos lembrar, por exemplo, de como adorávamos aquele doce vendido na porta da escola, o qual hoje não passa de uma lembrança desassociada de qualquer impulso por sua busca e consumo. O mesmo acontece com nossas necessidades sexuais: até aproximadamente os 20 anos de idade os homens estão no pico de seu desejo, enquanto as mulheres geralmente chegam a um estágio semelhante na casa dos 30. A tendência geral para ambos os sexos é o declínio da atividade sexual depois dos 40, de modo que é mais fácil para alguém nessa faixa etária exercer algum controle sobre suas pulsões sexuais do que para um jovem em plena puberdade. Esta é certamente uma das vantagens de envelhecer: menos desejos, menos perturbações.

Desejar é sofrer

Vimos até agora duas perspectivas legadas da Antiguidade. Séculos depois, já no período moderno, o tema do desejo recebeu novamente especial atenção por um filósofo que influenciaria pensadores como Friedrich Nietzsche e Sigmund Freud: estamos falando de Arthur Schopenhauer (1788-1860), para quem o desejo é, por sua própria natureza, dor. O filósofo alemão afirma em sua principal obra, *O mundo como vontade e representação*, que, quando alcançamos um objetivo, chegamos à saciedade. O problema é que apenas nesse momento percebemos que o alvo era aparente: a posse de fato removeu a excitação, mas o desejo surge novamente tomando outra forma. Schopenhauer foi profundamente influenciado pelo budismo, e não sem razão é considerado um filósofo pessimista: ele também afirma que a felicidade é negativa em sua essência, no sentido de que toda satisfação é sempre a satisfação de um desejo, a qual põe fim não apenas ao próprio desejo, mas também ao prazer associado ao consumo do objeto. Se pensarmos bem, toda e qualquer satisfação não passa de uma libertação de uma dor ou de uma necessidade, sejam estas reais ou da ordem de um desejo que estivesse importunando nossa tranquilidade.

Se a felicidade é negativa, apenas o sofrimento é positivo. Isso não deve ser entendido em um sentido moral, e não se trata aqui de descrever algo como bom ou ruim. O que Schopenhauer quer dizer é que o nosso estado *default*, ou padrão, não é a satisfação permanente, mas a falta e o tédio, os quais são interrompidos somente por meio de uma nova dor (entendida como falta) em busca de uma nova satisfação. A própria arte seria uma prova de que essa é a nossa condição humana: podemos perceber no teatro, na literatura e no cinema que, quando um herói finalmente alcança o objetivo pelo qual lutou o tempo todo, a obra simplesmente acaba. Por que o deleite não ocupa mais tempo em uma trama do que o esforço para alcançá-lo? Faça o seguinte experimento de pensamento: imagine se, naquele filme de que você mais gosta, todos os conflitos fossem solucionados logo nos primeiros vinte minutos e as duas horas seguintes mostrassem apenas os protagonistas vivendo uma vida feliz, pacata e serena. O filme seria tão interessante como você o considera hoje? Ou se tornaria entediante? Parece haver um fundo de verdade no ditado popular que diz: "O melhor da festa é esperar por ela".

Se o desejo nunca pode ser completamente satisfeito, por que buscamos uma gratificação após a outra se, no fim das contas, estaremos exatamente como começamos? Se a vida humana é aquilo que acontece entre um constante querer e alcançar, como afirma Schopenhauer, isso nos leva a questionar se realmente vale a pena empregar um enorme esforço para um objetivo que é em si mesmo irrealizável. O comportamento dos consumistas ilustra bem essa situação: nem o próprio orçamento financeiro impõe limites à sua compulsão de comprar, e isso de tal maneira que muitos acabam contraindo dívidas que, no fim, geram mais sofrimento ao indivíduo do que a soma dos prazeres desfrutados em cada uma de suas aquisições. Epicuro realmente parece ter razão ao nos alertar sobre os desejos que não encontram limites naturais em sua satisfação.

A terapia do desejo

Não queremos passar a impressão de que desejar é sempre algo ruim, nem de que o desejo é simples em sua natureza. Na história da filosofia e da psicanálise outros pensadores apresentaram novas perspectivas ao tema, tais como Baruch de Espinosa, Sigmund Freud, Gilles Deleuze e Félix Guattari, os quais, no entanto, estão além do escopo introdutório desta breve reflexão. Lidar com os desejos não é algo fácil, e como afirma Espinosa em sua obra *Ética*, "não há nada em que as pessoas sejam tão ruins quanto no controle de seus apetites". Às vezes pensamos estar no controle da situação unicamente porque estamos *conscientes* dela, mas na verdade somos ignorantes das causas pelas quais agimos. Um bêbado, por exemplo, acredita que é por livre-vontade que ele diz aquelas coisas das quais se arrependerá quando estiver sóbrio. De maneira semelhante também pensa um indivíduo fofoqueiro, mexeriqueiro, mas o que ambos não percebem é que eles simplesmente são incapazes de conter sua necessidade de falar. Estar consciente de um desejo não significa ter controle da situação.

Quando algum desejo lhe perturbar, olhe para si mesmo em terceira pessoa. Essa é uma técnica de meditação interessante que nos ajuda a lidar não apenas com o desejo, mas também com sentimentos tais como a raiva e a timidez. Faça de conta que você é um observador externo que está olhando para si mesmo e para os eventos de seu interior, como seus pensamentos e sensações. Isso nos leva a perceber muitas vezes a inadequação entre nossos sentimentos e o real estado de coisas no mundo, e com frequência chegamos a nos ver como bobos, ridículos. Quando um forte desejo lhe arrastar para o consumo de um objeto, mas sua consciência se opor, e um conflito entre ambos surgir, coloque-se do lado de fora, analise o que está sentindo e pergunte: "Por que este objeto exerce tanta atração sobre mim? Se eu lhe consumir, quanto tempo durará minha gratificação? Quais podem ser os desdobramentos de minha indulgência?" Você verá que tomar distância de nós mesmos nos ajuda a pensar sem as perturbações das emoções, e que a tranquilidade resultante da vitória sobre um desejo é mais serena do que sua mera gratificação.

É necessário, todavia, certo cuidado nessa questão. O recalcamento de nossos desejos pode levar a distúrbios psíquicos, como o mostra toda a história da psicanálise. A principal tese de Freud em sua obra *A interpretação dos sonhos* é de que todo e qualquer sonho é a realização de um desejo, e tal gratificação não se reduz à mera satisfação de uma necessidade interna, mas se relaciona a traços ou resíduos de memória que encontram sua satisfação na reprodução alucinatória das percepções que se tornaram sinais dessa satisfação. Não se trata, portanto, de negar ou recalcar o desejo, mas de lidar com ele na forma como se apresenta à nossa consciência. O desejo é de tal natureza que, se fugirmos dele durante o dia, ele nos pegará desprevenidos durante a noite.

A terapia do desejo e de nossos juízos é o centro da filosofia estoica. Esse é também o título de uma das principais obras da filósofa Martha Nussbaum sobre o tema, *The therapy of desire.* Precisamos frequentemente examinar a nós mesmos a fim de compreender o que nos falta e o motivo, prática necessária para fortalecer nossa razão perante o assédio constante do senso comum e da perturbação das emoções. Como Epicuro nos mostra em relação a alguns tipos de desejo, estes são socialmente construídos, originados das "vãs opiniões" dos homens, não podendo ser reduzidos a meros apetites biológicos. A compulsão de comprar, por exemplo, é explicada às vezes como uma simples necessidade natural de acumular objetos para garantir a sobrevivência, como se isso fosse uma característica do mundo natural. Um exame crítico do tipo de sociedade em que vivemos revela, no entanto, como nossas carências são produzidas, passo fundamental para lidar com nossos desejos.

O domínio de si mesmo é um objetivo que exige reflexão e prática a longo prazo. Assim como ninguém muda radicalmente seu condicionamento físico com apenas uma semana de treinos, tampouco podemos alcançar grandes resultados em nossa vida interior sem reflexão constante e persistência. A terapia do desejo acontece por meio do que Nussbaum chama de *argu-*

mentos terapêuticos, conduzidos pelas escolas filosóficas do helenismo, com o objetivo de nos tornar pessoas melhores. Se não podemos resumir em apenas uma frase como fazê-lo, isso se deve ao fato de que este é todo o projeto dessas escolas, exigindo uma vida inteira de leitura, prática e disciplina para sua assimilação. Como afirma a filósofa estadunidense, "a filosofia não pode ser conduzida de maneira puramente acadêmica, ocupando apenas uma pequena parte da vida". Se quisermos de fato recuperar a filosofia enquanto forma de vida, temos de compreender que ela exige "um esforço longo e paciente, uma atenção cuidadosa a cada dia e a cada parte de cada dia, assim como o apoio de uma comunidade filosófica e de amizades filosóficas"[21].

---

21. NUSSBAUM, M. *The therapy of desire*: theory and practice in Hellenistic ethics. Princeton: Princeton University Press, 2018. p. 490.

Sobre não ter lugar no mundo

Você já se sentiu fora de lugar em algum contexto social? Seja no ambiente de estudo, trabalho ou mesmo familiar, todos nós enfrentamos, em um momento ou outro, essa sensação de exclusão e não pertencimento. As reflexões que apresentaremos neste capítulo se direcionam principalmente àqueles que passam por tal experiência na maior parte do tempo, sentindo que seu lugar não é a vida cotidiana pautada pelo senso comum e pela ignorância. É preciso coragem para nos tornarmos quem de fato somos, por maior que seja a pressão social para anular nossa identidade e nos reduzir a um mero componente de uma engrenagem.

Veremos neste capítulo que encontrar seu lugar no mundo diz respeito também a conhecer a si próprio. Para isso contaremos com o apoio de filósofos como

Sócrates e Sêneca, além de apresentarmos dois clássicos da literatura que podem nos oferecer um retrato de nós mesmos. Ao descobrirmos instâncias do tipo que representamos não apenas em nosso próprio tempo, mas também em outras épocas históricas, temos o reconforto de não estarmos mais sozinhos.

Por que não sou como os outros?

Tudo seria mais fácil se pudéssemos sempre nos integrar a qualquer grupo. Imagine quão leve seria a vida se fosse prazeroso participar de qualquer roda de conversa ao nosso redor! Se você é alguém, no entanto, com inclinação a conhecer a realidade de forma profunda e não se contenta com as primeiras impressões das coisas e eventos, você provavelmente não será capaz disso. Quando você vê o mundo com espanto e admiração e, por essa razão, se põe no caminho da filosofia, você com frequência passa por situações de inadequação, deslocamento e não pertencimento. Você não quer, por exemplo, discutir com seus colegas de trabalho sobre aquele *reality show* que acontece todo ano naquele grande canal de televisão, pois sente que aquilo não passa de uma reprodução grosseira da vida cotidiana que mal podemos suportar. Você quer, ao contrário, investigar o porquê das coisas, do mundo, das civilizações, da história e do comportamento humano. Uma vez que iniciamos nesse caminho, não há mais volta – como ilustra Platão em sua célebre alegoria da caverna. O prisioneiro liberto volta transformado de tal maneira de sua experiência sob a luz do sol que, ao retornar para a escuridão a fim de tentar convencer seus ex-companheiros a conhecerem o mundo real, ele é não apenas ridicularizado, mas corre até mesmo o risco de ser assassinado.

A impossibilidade de ser quem realmente somos em meio às pessoas que nos cercam nos dá a sensação de que vivemos no que eu chamo de *ditadura da ignorância*. Essa é uma situação de silenciamento compulsório, mas sutil, na qual não somos expressamente proibidos de falar o que queremos. Somos desencorajados de falar sobre o que gostamos por causa das consequências que isso gera, pelo ostracismo decorrente. Todos compartilhamos o mesmo céu e somos afetados pelo mesmo clima, mas não é possível manter longas conversas apenas sobre esse tema. Para que haja diálogo verdadeiro, são necessárias experiências de vida em comum, mas se estas faltam restam apenas duas opções: adaptar-se ao gosto alheio ou refugiar-se no autoexílio. Por isso Arthur Schopenhauer afirma que o indivíduo rico de espírito é solitário e retraído: quanto mais este tem em seu interior, menos precisa buscar fora de si[22].

Gostaria de responder antecipadamente a uma possível objeção. Alguém poderia dizer que faz parte de uma inteligência emocional saudável se adequar a todo tipo de situação e contexto social. Sem dúvida alguma é parte de um ego saudável saber lidar com o diferente, com o contraditório, pois um indivíduo que não conse-

---

22. SCHOPENHAUER, A. Aphorismen zur Lebensweisheit. *In*: SCHOPENHAUER, A. *Arthur Schopenhauer Sämtliche Werke*. Band 4. Hamburgo: Nikol Verlagsgesellschaft, 2018a.

gue lidar com ninguém além de seu próprio espelho – ou de seu animal de estimação – realmente precisa de ajuda profissional. Esse é, no entanto, um caso extremo. O oposto do indivíduo antissocial e inflexível é aquele que, como um camaleão, sempre dilui sua personalidade ao meio em que se encontra e se confunde com este, revelando uma personalidade fragilizada. Tanto aquele que nunca se adapta a nenhum meio social quanto aquele que se ajusta a qualquer um se afastam do ponto de equilíbrio no qual reside a virtude.

Essa discussão não pode, no entanto, ser reduzida apenas a seus aspectos psicológicos. Sentir-se sufocado pela ditadura da ignorância diz respeito também a um modo de ser no mundo e à impossibilidade de se integrar a um ambiente alérgico à autenticidade. No capitalismo tardio tudo tem ares de falsidade e superficialidade, o que foi acentuado com o surgimento das redes sociais e da inteligência artificial. Muitas vezes não é possível distinguir se uma foto é verdadeira ou falsa; se o indivíduo utilizou filtros para melhorar sua aparência ou se realmente o encontraríamos da mesma forma na rua; se um texto ou comentário foi escrito por um humano ou por um serviço de IA. Temos cada vez mais sede de autenticidade, o que encontra expressão, por exemplo, naqueles filmes em que o protagonista abandona sua vida urbana e vai morar isolado nas montanhas: estamos todos cansados e buscando raízes.

Quando falo em nome de todos, não me refiro à sociedade inteira. Nossa reflexão diz respeito àqueles que realmente tomam uma atitude quanto a esse sentimento de inadequação e que, por isso, buscam melhorar a si mesmos por meio da filosofia. Provavelmente você é uma dessas pessoas, tendo em vista que neste momento está dedicando parte de seu precioso tempo a um livro de filosofia. De certo modo, todo indivíduo sente a necessidade de se perceber como especial e diferente dos demais. Se perguntarmos a uma multidão de milhares de pessoas quem se considera crítico e pensador independente, quase todos se manifestarão. Cada indivíduo se acha livre, conhecedor de seus próprios desejos, dono de si e em controle de sua própria vida, mas sabemos que nem sempre é assim. Em seu romance *O idiota*, o escritor russo Fiódor Dostoiévski resume bem a situação de indivíduos que expressam ideias que acreditam ser deles próprios, quando, na verdade, são apenas reprodução de algo cuja fonte eles não mais se lembram:

> Basta a certos indivíduos assimilar uma ideia expressa por outrem, ou ler qualquer página solta, para imediatamente acreditarem que essa é a sua opinião pessoal espontaneamente brotada de seu cérebro.

De forma alguma isso é uma crítica ao pensamento autônomo. Seria um contrassenso fazê-lo em um livro de filosofia, já que uma das principais características da atividade filosófica é pensar de maneira independente. A questão aqui diz respeito a uma assimilação de ideias sem reflexão e à incorporação de preconceitos como parte do repertório de indivíduos que, além de tudo, ainda acreditam ser os autores dessas ideias. Se eles as encontram em outro lugar, tal ato apenas confirma – para eles próprios – sua correção e genialidade.

A publicidade tem explorado muito bem essa ânsia por autenticidade. É por isso que, em certas peças de propaganda, o consumo de determinada mercadoria torna o indivíduo único, atraente e desejado – o que tem um efeito psicológico garantido. Quem nunca viu aquele comercial no qual o uso de determinado creme de cabelo deixa a mulher irresistível? Ou aquele no qual o uso de certo desodorante torna qualquer homem o macho alfa da matilha? Parece que ninguém percebe o óbvio: que um produto fabricado para milhões de pessoas só tornará cada indivíduo exatamente igual aos outros milhões que consumirem aquele mesmo produto.

A busca pela própria identidade

Perceba, no entanto, o paradoxo: se por um lado tal busca por autenticidade é generalizada, esta não é, por outro, bem-acolhida quando manifesta. A dialética da busca por autenticidade é tal que ela sufoca qualquer tentativa de quebrar a uniformidade da sociedade de massas, tendo em vista que a busca por autenticidade é justamente um dos aspectos que garante a massificação – sobretudo aquela mediante o consumo de mercadorias. Theodor Adorno e Max Horkheimer nos mostram em sua *Dialética do esclarecimento* que uma das funções da indústria cultural é justamente padronizar formas de pensamento e comportamento, pois assim é mais fácil controlar as massas. Quando todos querem ser diferentes, todos se tornam iguais.

Há aqueles, no entanto, que escapam. Não satisfeitos com a individuação fracassada prometida pela publicidade capitalista, esses indivíduos voltam-se para si próprios, dão um passo atrás e tentam compreender o que está acontecendo no mundo. Eles não se reconhecem nos ideais publicitários e se sentem vazios tanto no cotidiano deste mundo administrado quanto em seu tempo livre. É nesse momento que surge o sentimento de inadequação, pois se o indivíduo busca construir sua própria identidade em vez de recebê-la pronta da indústria cultural, então ele dá a si mesmo a tarefa colossal de encontrar seu lugar no mundo.

Nossa identidade, todavia, sempre é social. O filósofo alemão Georg W. F. Hegel nos ensina que cada pessoa é uma individuação do Espírito, no sentido de que herdamos de nossa sociedade uma língua, uma cultura e comportamentos que poderiam ser bem diferentes se tivéssemos nascido em outra parte do mundo e em outro período histórico. Além disso, como Hegel também nos ensina em sua dialética do senhor e do escravo em sua obra *Fenomenologia do Espírito*, até mesmo o senhor precisa do reconhecimento do escravo para ser quem é, de modo que não podemos simplesmente nos afirmar sem ter, de alguma forma, o reconhecimento dos outros. Muitos gostam de dizer que não se importam com a opinião dos outros, mas ela é muito mais importante e definidora de nós mesmos do que gostaríamos que fosse.

Quando nos sentimos sem lugar no mundo, devemos ter em mente que não estamos sozinhos. Buscamos construir nossa identidade junto àqueles que também buscam construir as suas próprias, mas tais indivíduos são raros, e tal fato tem pelo menos duas consequências: o sentimento de solidão em meio ao círculo de convivência mais próximo e a necessidade de encontrar mentes afins não apenas em seu próprio tempo, mas ao longo de toda a história.

Vamos falar inicialmente sobre o primeiro ponto. A busca pela construção de nossa identidade em uma sociedade alérgica à autenticidade resulta em solidão. Só podemos encontrar nosso lugar no mundo se antes construirmos uma visão coerente e integrada deste mesmo mundo, de tal maneira que uma investigação tão séria, profunda e excitante não deixa muito tempo ou interesse para os assuntos mais comuns do cotidiano: tudo o mais se torna pequeno, irrelevante e mesquinho aos nossos próprios olhos.

A questão é que nem sempre podemos escolher nosso círculo social. Somos obrigados a dividir o mesmo ambiente de trabalho ou sala de aula com pessoas que, se pudéssemos, não escolheríamos para fazer parte de nosso convívio, e em tais situações somos inevitavelmente confrontados com assuntos dos quais não gostaríamos de participar. Talvez seus colegas falem apenas sobre a festa do último sábado, a balada do próximo fim de semana, o quanto beberam, como caíram quando estavam embriagados e qual o próximo *smartphone* que irão comprar. Falar sobre essas coisas em si não é de fato problema algum, pois fazem parte de nossa experiência neste mundo e não há nada de errado em compartilhar questões triviais sobre nossas vidas. Tal crítica não tem nenhum viés moralista nem parte de alguém que nunca quer se divertir. O problema surge quando *nunca* é possível elevar as discussões para além desse nível, quando não há repertório intelectual para superar o imediatismo da experiência cotidiana. Em outras palavras, o problema é a incapacidade de se erguer além da superficialidade.

Ser obrigado a ouvir conversas desse tipo a todo momento reforça nossa sensação de deslocamento. Aqueles indivíduos que buscam por autenticidade e por seu lugar no mundo querem falar sobre filosofia, política, psicologia, ciência, história, guerra, paz, literatura, poesia, arte e música – mas quase nunca encontram ouvidos sensíveis a tais questões. A convivência inevitável com indivíduos cujas conversas se limitam a trivialidades acaba por gerar uma relação assimétrica e desgastante: para eles, tais conversas são indulgência; mas para aqueles sedentos por profundidade, são experiências de abstinência de si próprios, um sufocamento de seu verdadeiro eu. Se tal avaliação parece rigorosa, lembre-se de que Epicteto recomenda nem mesmo ir a festas cujos anfitriões não são filósofos.

Onde encontrar companhia

Talvez seja para evitar essa relação tão desigual que muitos filósofos vivem afastados da multidão. O estoico romano Sêneca nos oferece um conselho para lidar com esse tipo de situação, tendo em vista que ele próprio passava por experiências semelhantes. Ele percebeu como a relação com pessoas muito diferentes de nós pode tirar nossa paz, e por isso nos aconselha o afastamento temporário de tais relações até que a solidão nos incomode e nos faça desejar companhia novamente. Ele assim se expressa em sua obra *Sobre a tranquilidade da alma*:

> É preciso frequentemente recolhermo-nos em nós mesmos: pois a relação com pessoas diferentes demais de nós perturba o nosso equilíbrio, desperta nossas paixões, irrita nossas restantes fraquezas e nossas chagas ainda não completamente curadas.
>
> Misturemos, portanto, as duas coisas: alternemos a solidão e o mundo. A solidão nos fará desejar a sociedade e esta nos reconduzirá novamente a nós mesmos; elas serão antídotos, uma à outra: a solidão curando nosso horror à multidão, e a multidão curando nossa aversão à solidão.

Percebam o movimento recomendado por Sêneca: afastar-se da multidão para buscar a tranquilidade, até que a solidão nos incomode e nos mande de volta para a vida social. Por isso o mais aconselhável em determinados momentos é simplesmente desaparecer por um tempo – embora nem sempre isso seja possível. Seria desejável poder trocar de emprego sempre que necessário, em busca do ambiente de trabalho ideal, mas, na prática, somos frequentemente forçados a suportar tais circunstâncias com paciência. O mundo lá fora não é como o jardim de Epicuro, no qual temos a companhia apenas de indivíduos comprometidos com o melhoramento da própria alma e do cultivo da amizade.

Dissemos anteriormente que aqueles que buscam construir sua identidade o fazem junto a outros que também buscam construir as suas. Como tais indivíduos, no entanto, são raros, isso gera não apenas solidão no meio social mais próximo, mas também a necessidade de encontrar mentes semelhantes – sejam estas de seu próprio tempo ou de outros períodos históricos. Já tratamos do primeiro aspecto; agora, voltemo-nos à necessidade de encontrar mentes afins, independentemente da época em que tenham vivido.

Um ditado alemão afirma o seguinte: "*Man ist was man isst*". Em português isso quer dizer algo como "o homem é aquilo que come", e tal reflexão geralmente é interpretada, em uma perspectiva materialista, no sentido de que parte dos alimentos que ingerimos se integram ao nosso corpo e tornam-se carne, ossos, pele, cabelos etc. Nessa perspectiva, o ser humano é realmente aquilo que come. O que nos interessa aqui, todavia, é que o mesmo princípio se aplica às questões intelectuais. Somos também aquilo que consumimos intelectualmente, de modo que as conversas que travamos e os livros que lemos acabam se tornando parte de nossas mentes, de nosso repertório intelectual, de nossa visão de mundo, de nossa alma. Assim como devemos ter cuidado com a alimentação, devemos observar também o que lemos e com quem conversamos – o que no fim das contas é basicamente o mesmo, tendo em vista que a leitura é uma espécie de diálogo com o autor. Se comermos alimentos gordurosos e não saudáveis, isso terá consequências em nosso corpo físico e resultará em deterioração de nossa saúde. De maneira semelhante, se conversarmos apenas com indivíduos que nada nos acrescentam, se lermos literatura de qualidade duvidosa ou se consumirmos conteúdo digital de baixo teor nutritivo, isso se refletirá também em nossa constituição intelectual e até mesmo em nosso bem-estar psíquico.

Quando queremos, portanto, buscar o nosso lugar no mundo e nossa identidade, devemos fazê-lo na companhia dos melhores indivíduos que também o fizeram em outros períodos históricos, e o nosso ponto de encontro com eles são os seus livros. A literatura nos permite conversar com as mentes mais brilhantes que já passaram por este planeta, de modo que não é possível substituir a leitura de certas obras pelo diálogo com nossos contemporâneos. Alguns indivíduos são tão raros e especiais que só nascem a cada quatro ou cinco séculos. Com que frequência a história produz indivíduos como Sócrates,

Platão ou Aristóteles? Quando vimos pela última vez alguém como Epicuro, Sêneca, Epicteto, Marco Aurélio ou Santo Agostinho? Por isso não faz sentido dizer que a leitura é dispensável ou tão importante quanto a cultura oral, como se em nosso período histórico ou em nosso reduzido círculo social pudéssemos encontrar indivíduos à altura dos grandes nomes da filosofia.

René Descartes afirmou certa vez que a leitura de bons livros é como uma conversa na qual os indivíduos nos revelam apenas os seus melhores pensamentos. Essa é uma vantagem dos livros sobre a tradição oral, de modo que em nosso atual estágio civilizatório é questionável sustentar que podemos alcançar maior profundidade por meio da oralidade do que pelo contato com os textos. Há quem defenda o contrário, dizendo que, ao abandonar os livros, podemos voltar aos primórdios da "verdadeira filosofia", como se o simples abandono da escrita pudesse nos reconectar à autenticidade do diálogo socrático. A tentativa de reviver formas filosóficas do passado sem reconhecer as exigências do presente não passa de farsa – como observou Karl Marx, referindo-se às reedições da história. O grau de articulação do pensamento e rigor lógico fornecido pelos textos quase nunca pode ser alcançado pela oralidade informal e espontânea. Se o melhor que a humanidade já produziu se encontra, portanto, principalmente em textos, seguem-se duas conclusões: que esse é o melhor alimento para nossas mentes, e que Sêneca tem razão ao dizer que os filósofos são nossa melhor companhia – com a vantagem de estarem sempre disponíveis.

Conhece-te a ti mesmo

Afirmamos anteriormente que sentir-se sem lugar no mundo tem a ver com nossa identidade. Se não sabemos quem somos, não temos lugar no mundo, e nessa busca temos poucos companheiros, pois os nossos melhores amigos já morreram. Eu não posso lhe dizer quem você é, apenas você pode descobrir isso por conta própria, mas nada garante que você encontrará a resposta em pouco tempo. Se você se sente sem lugar no mundo e está buscando respostas quanto à sua identidade, pelo menos uma resposta parcial você já pode levar dessa reflexão: você é um dos poucos indivíduos realmente comprometidos com esse propósito. Você é alguém cumprindo a missão socrática do "conhece-te a ti mesmo".

A máxima filosófica "conhece-te a ti mesmo" estava inscrita na parede do Templo de Apolo, na Grécia antiga. Não apenas Sócrates, mas diversos filósofos antes e depois dele também se ocuparam dessa espécie de mandamento filosófico, o qual foi interpretado de diferentes maneiras. Em determinado momento da obra *Fedro*, de Platão, Sócrates e seu interlocutor se encontram no exato local em que supostamente aconteceu o sequestro mítico de Orítia por Bóreas, e Fedro pergunta a Sócrates se ele acreditava naquele mito. Sócrates afirma inicialmente que não admira aqueles que buscam racionalizar os mitos. Embora explicações naturais sejam muito interessantes, estas exigem muito trabalho e imaginação, e como existem mitos às centenas ou milhares, tal trabalho nunca terá fim. O problema em se dedicar a tal tipo de tarefa não é o seu conteúdo em si, mas o fato de ela nos roubar o tempo que poderíamos estar dedicando a uma investigação muito mais importante: a de conhecer a si mesmo. Nas palavras de Sócrates:

> Uma pessoa que é cética sobre tais coisas, e que tenta reduzir cada uma delas às leis da probabilidade, fazendo uso de seu enorme conhecimento, precisará de muito tempo. Agora, eu não tenho prazer em tais investigações. Sabe por quê? Porque eu ainda não sou capaz de cumprir o mandamento da inscrição de Delfos e de "conhecer a mim mesmo". É ridículo ser curioso sobre o que não me diz respeito enquanto ainda ignorante sobre o meu próprio eu. Por isso eu digo adeus a tudo isso; a opinião transmitida pela tradição é suficiente para mim. Pois, como eu estava dizendo, eu não quero saber sobre estas coisas, mas sobre mim mesmo.

O mais importante, segundo Sócrates, é dedicar seu tempo para investigar a si mesmo. Aqueles que compreendem a importância dessa tarefa não querem, portanto, esgotar todo o seu precioso tempo em discussões que nada acrescentam a essa busca, que são completamente irrelevantes para esse propósito. Estaremos no caminho correto para descobrir nosso lugar no mundo a partir do momento em que também estivermos investigando quem somos. Essa não é uma tarefa fácil, como reconhece o próprio Sócrates, mas o importante é nos dedicarmos a ela com afinco todos os dias.

O tema do autoconhecimento aparece em outros textos de Platão, mas com diferentes *nuances*. No diálogo *Cármides* é feita uma relação entre o conhecimento de si mesmo e *sophrosyne*, termo grego que significa temperança, moderação, prudência ou autocontrole. Sócrates nos conta aqui sobre sua conversa com Crítias, na qual ele afirmou que o autoconhecimento é inseparável do autocontrole. A inscrição no templo de Delfos, segundo Crítias, cumpria a função de lembrar a todos aqueles que ali entravam de exercer a virtude da temperança, o que não seria necessário, por exemplo, com uma inscrição do tipo "seja feliz", já que ninguém se esquece de buscar a própria felicidade. Moderação e autocontrole, no entanto, nem sempre são prioridade em nossa vida cotidiana.

Para Crítias, "conhece-te a ti mesmo" e "seja temperante" significam o mesmo. Sócrates critica essa posição e mostra que ela ainda não é precisa, levando seu interlocutor a refinar sua definição: a temperança seria não apenas o conhecimento de si mesmo, mas também a consciência daquilo que alguém sabe e do que não sabe. O reconhecimento da própria ignorância, uma das principais características de Sócrates, é também uma marca do "conhece-te a ti mesmo". A importância dessa passagem reside na identificação entre o autoconhecimento e a virtude do autocontrole, do domínio da razão sobre as outras partes da alma.

Encontramos outra passagem esclarecedora sobre o tema no diálogo *Alcibíades I*. Sócrates fornece alguns exemplos para tentar mostrar ao seu interlocutor o que ele acredita ser o verdadeiro significado da inscrição de Delfos, fazendo inicialmente a seguinte pergunta: Se alguém ordenar a um olho "olha-te a ti mesmo", como o olho poderia fazer isso? O mestre de Platão explica que o olho precisaria de alguma superfície refletora, tal como um espelho, por exemplo. Se olhasse para outras partes do corpo, como a mão, ele não estaria se olhando. O espelho, todavia, não é aquilo com que realmente enxergamos, mas apenas uma reprodução artificial da própria pupila, chamada por Sócrates de "a parte mais nobre do olho". O olho só pode cumprir o imperativo de conhecer a si mesmo olhando para *outro olho*, e mais especificamente para a sua parte mais nobre, a pupila.

O mesmo princípio se aplica à nossa identidade. Quando a alma quer conhecer a si mesma, ela precisa olhar para outra alma, de tal maneira que uma das lições mais importantes do autoconhecimento é que este não se dá de maneira isolada, na solidão ao pé de uma lareira, mas no diálogo. Sócrates afirma que uma alma precisa olhar para outra a fim de se conhecer, e assim como no exemplo do olho, ela precisa mirar em sua parte mais nobre e divina, na qual moram a sabedoria e a razão. Se no diálogo *Cármides* foi estabelecida uma relação entre o autoconhecimento e a consciência da própria ignorância, temos agora no *Alcibíades I* a referência à razão, mostrando que a prática da filosofia é essencial para conhecer-se a si mesmo. Não há conhecimento de si sem filosofia, e para isso precisamos também de amizades filosóficas.

O espelho da literatura

Dizem que a arte imita a vida. Quer o leitor concorde com isso ou não, o fato é que podemos encontrar na literatura reflexos de nosso mundo e, muitas vezes, até de nós mesmos, de tal maneira que a arte de fato parece um tipo de espelho. Duas obras que abordam como poucas esse sentimento de inadequação social e de não ter lugar no mundo são *O lobo da estepe*, do escritor alemão Herman Hesse, e *Notas do subsolo*, do escritor russo Fiódor Dostoiévski.

Podemos descrever *O lobo da estepe*, de Herman Hesse, como a história de uma crise da alma e da tentativa de curá-la. O protagonista, chamado Harry Haller, descreve em forma de diário uma fase crucial de sua vida, na qual ele se encontra dividido consigo mesmo e alienado da vida social. O principal tema de *O lobo da estepe* vem de um famoso suspiro de Fausto, de Goethe: "Ah, duas almas habitam o meu peito!" Isso descreve exatamente o dilema do personagem principal: ele é ao mesmo tempo um cidadão comum e um *outsider*; é um lobo da estepe que gostaria de ser, no entanto, um homem sociável. Ele está passando por uma crise de identidade e decide se matar até o seu aniversário de 50 anos, mas avisa que tal ato pode ser cometido a qualquer momento.

Traços da personalidade de Harry Haller nos remetem ao protagonista de *Notas do subsolo*, de Dostoiévski. Na pequena obra-prima do escritor russo, o convívio social do protagonista também é cheio de tensões, desconfortos e contradições. Na primeira parte da obra, por exemplo, ele afirma que se reconhece como mais inteligente do que todos que o rodeiam, mas em certas circunstâncias ele se sente burro diante de pessoas normais. Em uma passagem da obra ele afirma:

> Pacientemente, eu ficava ali sentado umas quatro horas junto a essas pessoas como um idiota, ouvindo-as, sem coragem ou sem assunto para falar com elas. Sentia-me burro, vinham-me ondas de suor e parecia que estava tendo um ataque de paralisia, mas isso tinha seu lado bom e útil.

Sua busca por companhia é incompatível com suas habilidades sociais. Encontramos na vida do protagonista de *Notas do subsolo* aquela espiral de que nos fala o filósofo romano Sêneca, em que a solidão nos faz desejar a multidão, mas esta nos conduz novamente à solidão. Um episódio da obra ilustra bem essa necessidade de buscar companhia sem as habilidades necessárias para tal: certo dia, o protagonista reencontrou alguns amigos de escola, com os quais não tinha exatamente uma boa relação, e descobriu que estavam organizando uma despedida para um amigo. Ele ouviu a conversa e convidou a si mesmo para este jantar, comprometendo-se a contribuir financeiramente, mesmo não tendo dinheiro. Perceba bem a situação: ele se convidou para um jantar com pessoas de que não gostava, as quais também não gostavam dele, e para isso ainda precisou conseguir dinheiro emprestado. O jantar foi obviamente um desastre em vários níveis e aspectos, acrescentando ainda mais humilhações à vida do personagem.

Tanto em *O lobo da estepe*, de Herman Hesse, quanto em *Notas do subsolo*, de Dostoiévski, conhecemos indivíduos que também não encontram seu lugar no mundo. Os protagonistas são pessoas deslocadas que sentem em si a tensão de buscar círculos sociais, mas com grandes dificuldades. Se a alma, para conhecer a si mesma, precisa olhar para a parte mais nobre de outra semelhante, como afirmou Sócrates, a literatura pode nos ajudar nessa tarefa de autoconhecimento, seja por aproximação ou contraste.

E devemos considerar, por último, o efeito catártico da obra de arte, como ensina Aristóteles. A literatura, enquanto forma de imitação da vida, produz um efeito purificador de nossos sentimentos. O convívio social nos impõe limitações de tal maneira que não é sempre possível expressarmos livremente os nossos sentimentos. As obras de arte permitem, no entanto, uma identificação com seu conteúdo e proporcionam um mundo fictício seguro onde é possível vivenciar as mesmas emoções dos personagens. Uma das funções da arte consiste em exorcizar sentimentos inconvenientes e, nesse sentido, elas podem contribuir não apenas para nosso autoconhecimento, mas também para o controle de nossas emoções.

Sobre a tristeza do sábio

Será que muito conhecimento pode nos tornar mais tristes? Claro que não me refiro ao conhecimento tecnológico adquirido, por exemplo, em uma faculdade de engenharia. Ninguém se entristece apenas por concluir uma graduação em medicina, computação ou direito. Tampouco me refiro ao conhecimento científico, voltado à compreensão de fenômenos isolados da realidade e à explicação de suas causas. Entender como a água evapora ou por que os corpos caem está mais associado à euforia da descoberta do que à infelicidade. Quando questiono se muito conhecimento gera tristeza, refiro-me àquele tipo de reflexão que aborda a totalidade e investiga suas causas, sua finalidade e seu destino: o conhecimento filosófico. Trata-se da atitude que questiona o próprio saber, esquadrinha o nosso próprio eu e busca compreender o lugar que ocupamos em um universo de proporções tão vastas que escapam à nossa imaginação.

Alguns estereótipos sobre filósofos são bem conhecidos. Um relato da Antiguidade conta, por exemplo, que Tales de Mileto caiu em um buraco enquanto caminhava olhando para o céu estrelado. O próprio Sócrates também é ridicularizado de forma semelhante na peça *As nuvens*, de Aristófanes, como alguém ocupado demais com as coisas de cima e sem muita preocupação com aquelas do nosso cotidiano. Há vários outros estereótipos, entre eles o de que o filósofo é um indivíduo solitário e de que o conhecimento que ele adquire o torna triste. Neste capítulo veremos que há uma razão para tal e refletiremos sobre as causas da tristeza do sábio. Nosso ponto de partida será um livro escrito alguns séculos antes da era cristã, e contaremos com as reflexões de pensadores como Arthur Schopenhauer, Albert Camus, Michel de Montaigne e Sigmund Freud.

Conhecimento e tristeza

Mesmo os que creem em Deus podem experimentar o vazio existencial. Não apenas as pessoas de fé ao nosso redor o demonstram, mas também as reflexões de um indivíduo que, após meditar sobre a vida humana e seu inevitável fim, escreveu um livro de singular beleza literária incluído posteriormente no cânon. Redigido provavelmente no século III a.C. e sob influência do pensamento helenista, o Livro de Eclesiastes é o escrito bíblico mais próximo de uma reflexão filosófica. O que nos interessa nesse texto não é tanto a possível solução aos problemas identificados, mas seu diagnóstico sobre a condição humana. Essa não é, portanto, exatamente uma obra de filosofia, sendo mais bem classificada como um texto de sabedoria. Não encontramos ali o desenvolvimento de argumentos ou de um sistema filosófico, mas apenas conclusões baseadas na observação da vida expressas por meio de provérbios – o que facilitava sua memorização em uma cultura oral.

Alguns atribuem a autoridade do texto ao rei Salomão. Logo nas primeiras linhas, o autor – também chamado em hebraico de *Kohelet*, ou pregador – afirma que foi rei de Israel, mas disso não podemos ter certeza: era comum, naquela época, atribuir a autoria de uma obra a determinado indivíduo a fim de homenageá-lo, e por isso nem sempre podemos concluir com exatidão sobre a autoria de certos escritos. Isso também não importa muito para nossa reflexão, pois, como afirma Theodor Adorno, o pensamento tem o seu momento de universalidade, e o que é verdade será pensado novamente por outras pessoas e em algum outro lugar. Para nós importa mais o texto, não tanto quem o escreveu.

O pregador afirma que "na muita sabedoria há muito enfado; e o que aumenta em conhecimento, aumenta em dor"[23]. Em algumas traduções, a palavra "dor" é vertida como "tristeza": isso parece fazer mais sentido, tendo em vista que ele se refere aqui não à dor física, mas a um tipo de dor da alma, uma perturbação mais próxima da melancolia. Podemos dizer então que aquele que obtém mais conhecimento se torna mais triste, de modo que a tristeza seria algo inescapável ao sábio.

Esse diagnóstico é apresentado como resultado de uma experiência. O autor afirma que aplicou seu coração a conhecer tudo o que se faz neste mundo, mas não apenas isso: ele também acumulou riquezas e poder, de tal maneira que devemos imaginá-lo não como um mestre pobre ao estilo de Sócrates, mas talvez alguém mais próximo do imperador romano Marco Aurélio. Ele se dedicou também ao prazer, ao vinho, às mulhe-

23. Eclesiastes 1,18.

res, às grandes obras e ao riso, e relata ter aproveitado a vida mais do que qualquer um de seus contemporâneos ou antepassados. O resultado, todavia, foi um profundo ódio por esta vida. Então ele se pergunta: de que adianta acumular sabedoria se, no fim das contas, o sábio morre assim como o tolo? Além disso, por maior que seja o legado de um grande rei, não se pode saber o que será feito de seu espólio depois de sua morte. Cedo ou tarde, tanto os grandes líderes quanto suas obras cairão em esquecimento.

Condenados como Sísifo

Nem riquezas nem sabedoria trouxeram satisfação ao pregador. Sua vida é vazia, e seu desespero se instala diante do fluxo eterno de todas as coisas e de um aparente eterno retorno não apenas no curso da natureza, mas também nos afazeres humanos. Ele afirma que assim como o sol nasce e se põe todos os dias, também uma geração sucede a outra, enquanto a Terra permanece para sempre. Os ventos vão para o sul, fazem seu giro para o norte, fazem o seu circuito e voltam para o mesmo lugar, e tudo se repete de tal modo que ele afirma:

> O que foi, isso é o que há de ser; e o que se fez, isso se fará; de modo que nada há de novo debaixo do sol. Há alguma coisa de que se possa dizer: Vê, isto é novo? Já foi nos séculos passados, que foram antes de nós[24].

Tudo deságua no mais puro nada. O pregador afirma que após observar tudo o que se faz "debaixo do sol" – isto é, neste mundo – sua conclusão é a de que tudo é vaidade e aflição de espírito, ou "correr atrás do ven-

24. Eclesiastes 1,9-10.

to". Essa expressão ilustra de maneira bem interessante o fato de nossas atividades exigirem um esforço muito grande para um resultado em si mesmo inalcançável. Tente imaginar alguém correndo na mesma direção de uma corrente de ar e tentando agarrá-la. Essa pessoa se cansará inutilmente, jamais alcançando tal objetivo. É como na antiga fábula do burro que queria atravessar o rio: como não sabia nadar, ele planejou beber toda a água primeiro para depois fazer a travessia em terra seca. O resultado, no entanto, foi como esperado: em pouco tempo ele estava com a barriga estufada e o rio continuava da mesma forma.

Também a cultura grega sentiu a eterna repetição dos afazeres humanos. Na mitologia grega, Sísifo foi um enganador e rebelde contra os deuses. Como punição por desafiar as divindades, o rei de Corinto recebeu uma condenação engenhosa: em vez de torturas sem-fim ou o fogo do inferno, como na tradição cristã, ele foi sentenciado apenas a uma atividade extremamente fútil e sem sentido. Sua tarefa consistia em rolar uma pedra até o alto de uma montanha, e tão logo ele alcançava seu objetivo, o mineral descia ladeira abaixo e ele recomeçava todo o processo. Esse foi o pior castigo que os deuses puderam pensar para Sísifo por toda a eternidade.

O filósofo absurdista Albert Camus tomou esse mito como exemplo da condição humana. Em sua obra *O mito de Sísifo*, o pensador franco-argelino conclui que se não há um objetivo final para nossa existência, se ela é apenas um amontoado de tarefas que se seguem umas às outras, então nossa vida é exatamente como a de Sísifo. Inclusive Camus o relaciona ao trabalhador de hoje e afirma:

> O operário de hoje trabalha todos os dias de sua vida nas mesmas tarefas e esse destino não é menos absurdo. Mas ele só é trágico nos raros momentos em que se torna consciente. Sísifo, proletário dos deuses, impotente e revoltado, conhece toda a extensão de sua condição miserável: é nela que ele pensa enquanto desce.

Essa é a situação de quase todos nós. Durante a semana vamos para a escola ou para o trabalho, executamos nossas tarefas domésticas, cuidamos de nosso corpo e alimentação, dormimos e descansamos. Levantamo-nos a cada dia para repetir as mesmas coisas, mas algumas vezes introduzimos uma pequena variação – às vezes um período de férias ou uma viagem –, mas, no fim das contas, ainda somos todos Sísifo. Enquanto subimos com a pedra, ela nos distrai, mas ao descer de mãos vazias, quando estamos a sós com nossos pensamentos e refletimos sobre nossa condição, constatamos o absurdo de nossa existência. E então nos desesperamos.

A crítica social do pregador

Para o autor do Eclesiastes, a injustiça é outra causa de aflição e tristeza. O autor se entristeceu por haver justos que morrem jovens, ao passo que alguns iníquos levam uma vida longa. Não se trata, todavia, apenas de longevidade: pessoas boas e honestas muitas vezes são retribuídas pelo destino como se fossem más, enquanto muitos ladrões e assassinos, por exemplo, parecem agraciados pela sorte. O pregador assim se expressa:

> Ainda há outra vaidade que se faz sobre a terra: que há justos a quem sucede segundo as obras dos ímpios, e há ímpios a quem sucede segundo as obras dos justos. Digo que também isto é vaidade[25].

Nossa razão clama por uma justiça completa e perfeita. Isso só parece possível, contudo, em uma outra vida, pois neste mundo é impossível reparar todas as arbitrariedades das quais nós e a história somos testemunhas. Immanuel Kant trabalhou esse tema em sua *Crítica da razão prática*, mostrando que a crença na existência de

25. Eclesiastes 8,14.

Deus e na imortalidade da alma são dois pressupostos da razão prática para a consumação do Sumo Bem, ou do encontro entre moralidade e felicidade. Nem sempre aqueles que vivem moralmente são felizes, e muitos perversos prosperam e gozam de uma vida muito mais satisfatória do que aqueles que cumprem o seu dever, de modo que tal estado de coisas só pode encontrar uma solução racional partindo desses postulados. Se um indivíduo morre sem receber neste mundo uma felicidade proporcional à sua moralidade, seria necessário que sua alma sobrevivesse ao corpo e que existisse um Recompensador para quitar o saldo após sua morte, pois de outro modo não haveria justiça.

A opressão dos pobres pelos ricos também é um desalento para o pregador. Ele observou que em sua sociedade, baseada na propriedade privada e dividida em classes sociais, os oprimidos choravam e não tinham quem os consolasse, afirmando na sequência que estar morto é melhor do que estar vivo. Essa é uma conclusão forte: já imaginou uma pregação sobre esse versículo no sermão de domingo? E como se tal afirmação não bastasse, ele ainda diz que melhor do que estar morto é simplesmente nunca ter nascido, pois assim não é possível ver tudo o que de ruim é praticado debaixo do sol. Esses versos exprimem um profundo desgosto pela vida, e chama a atenção o fato de aparecerem logo após uma denúncia social.

Outra de suas críticas diz respeito à acumulação. Em uma passagem que nos remete ao filósofo grego Epicuro e à filosofia budista, o pregador afirma: “Quem amar o dinheiro jamais dele se fartará; e quem amar a abundância nunca se fartará da renda; também isto é vaidade[26]. O amor ao dinheiro e às riquezas é um dos tipos de prazer que, segundo Epicuro, devem ser evitados pelo fato de serem insaciáveis. Também os budistas ressaltam tal característica ao afirmarem que tentar saciar o desejo é como lançar álcool em uma fogueira para tentar apagá-la: mais dinheiro funciona apenas como combustível para a busca por mais dinheiro, nunca saciando o desejo de aumentar a riqueza. Nessa questão o pregador também se mostra de acordo com a sabedoria de outras tradições.

Perceba a relação entre as injustiças sociais e a tristeza daqueles que aspiram à sabedoria. Notícias sobre fome, pobreza e guerras no mundo podem nos tirar a paz e colocar sobre nossos ombros problemas que, embora não sejam causados por nós, pesam em nossa consciência como se fossem nossa responsabilidade. Não precisamos ser vítimas diretas de injustiças sociais para nos solidarizar com alguém que passa por tais situações. Também nos comove ver crianças morrendo por problemas politicamente evitáveis, tais como a falta de saneamento básico ou a má distribuição de renda. O sábio não é indiferente ao seu próximo, e por isso injustiças sociais também aumentam sua tristeza.

26. Eclesiastes 5,10.

A morte como guia

Arthur Schopenhauer afirma que podemos considerar a vida como um episódio inútil que perturba a bem-aventurada tranquilidade do nada[27]. Antes de nosso nascimento houve um imenso nada de bilhões de anos. Depois de nossa morte, haverá outro imenso período de outros tantos bilhões de anos, talvez *ad infinitum*. E de que valeu nossa breve existência entre esses dois tempos? Que curto episódio foi esse que perturbou inutilmente o nada? De tal perspectiva cósmica, parece não haver boas razões para nossa existência, seja individual ou coletiva. O planeta Terra já passou por cinco extinções em massa, e o número de espécies vivas hoje representa menos de um por cento de todas as que já existiram.

Pensar sobre a morte, contudo, tem também um lado positivo. Deslocando o foco da perspectiva da eternidade para o presente, as reflexões do pregador oferecem não apenas um diagnóstico sobre a condição humana, mas também orientações práticas para uma vida cheia de

---

27. SCHOPENHAUER, A. Parerga und Paralipomena. *In*: SCHOPENHAUER, A. *Arthur Schopenhauer Sämtliche Werke*. Band 5. Hamburgo: Nikol Verlagsgesellschaft, 2018c. § 156.

sentido. Podemos compreender dessa maneira a importância que ele atribui à nossa experiência de lidar com a morte dos outros, assim como a melhor forma de enfrentá-la. O trecho a seguir parece carregado de pessimismo, mas nos traz uma profunda reflexão encontrada também em outros pensadores ao longo da história:

> Melhor é ir à casa onde há luto do que ir à casa onde há banquete, porque naquela está o fim de todos os homens, e os vivos o aplicam ao seu coração. Melhor é a mágoa do que o riso, porque com a tristeza do rosto se faz melhor o coração. O coração dos sábios está na casa do luto, mas o coração dos tolos na casa da alegria[28].

O sábio frequenta velórios; o tolo, festas. Por que seria melhor ir à casa onde há luto do que à casa onde há festividades? O objetivo da vida não é viver da forma mais alegre possível? Por que então essa posição mórbida do pregador? A resposta é que ter a morte diante dos olhos nos leva a refletir sobre nossas próprias vidas e escolhas, examinando a nós mesmos, nossas relações, objetivos e valores. Apreciamos tanto mais a vida quanto mais percebemos sua brevidade e a urgência de cada momento. Sêneca afirmaria mais tarde que não devemos desperdiçar nosso tempo como se este viesse de uma fonte abundante, pois ninguém sabe quanto tempo ainda tem. Ao visitarmos a casa onde há luto, em vez daquela onde há banquete, não deixamos para amanhã o que pode ser feito hoje.

28. Eclesiastes 7,1-4.

Encontramos reflexões semelhantes em diversos outros filósofos. Para Sócrates, por exemplo, um dos objetivos da filosofia é nos preparar para a morte. O imperador romano Marco Aurélio também afirmava a necessidade de termos a morte diante dos nossos olhos todos os dias, o que também conclui Martin Heidegger, para que alcancemos uma existência autêntica. Para o cético francês Michel de Montaigne, filosofar é aprender a morrer. Devemos ter nosso fim diante dos olhos todos os dias, a todo momento e em todo lugar, pois em qualquer esquina ou cômodo de nossa própria casa podemos encontrá-lo: "É incerto onde a morte nos aguarda; esperemos por ela em toda parte". Por isso devemos fazer hoje tudo o que poderia ser feito outro dia, e citando Ovídio, Montaigne também recomenda: "Quando a morte vier, que ela me encontre em meu trabalho". Veremos mais à frente que o autor do Eclesiastes também afirma algo nesse sentido, ressaltando o trabalho como antídoto à aflição de espírito que ele mesmo diagnosticou.

O animal metafísico

Vamos pensar agora sobre o que estamos fazendo neste capítulo. As reflexões do autor de Eclesiastes parecem carregadas de um profundo pessimismo, mas não são as únicas nesse sentido. É notável que um dos livros da Bíblia ofereça uma análise da condição humana que, em diversos trechos, se assemelha à de um filósofo existencialista. O que faz, no entanto, tais questões sempre reaparecerem no curso da história? De onde vem essa tendência de examinarmos nossa existência sob luzes tão desfavoráveis e, para a maioria das pessoas, até mesmo desagradáveis? Arthur Schopenhauer pode nos ajudar a entender por que somos levados a pensar como o autor de Eclesiastes.

O filósofo alemão afirma que, com exceção do homem, nenhum animal se pergunta sobre seu próprio ser. Se prestarmos bem atenção ao olhar de um animal, como um boi ou um cavalo, podemos perceber que ali ainda se encontra a tranquilidade da sabedoria da natureza. Lembro-me que, certa vez, viajando de carro por uma estrada, vi um boi sozinho em um pasto, e como o carro seguia devagar, consegui observá-lo por alguns segundos. Fiquei impressionado com o olhar enigmático daquele animal, e por muito tempo depois ainda tentava imaginar o que se passava em sua mente. Após alguns instantes senti pena dele – me entristeceu o fato de sua vida não ter um propósito, de ele não ter um projeto de vida e estar apenas vivendo ali, naquele momento, sem refletir e sem nada esperar de seu futuro.

A tranquilidade do olhar de um animal, segundo Schopenhauer, se deve ao fato de ali a Vontade ainda não estar separada o suficiente do Intelecto. Apenas depois de a Essência Interior da Natureza (a Vontade para a Vida em sua objetivação) ter se elevado para além dos reinos dos seres inconscientes e da longa série de animais é que ela finalmente chega à razão. É apenas no homem que esta Essência da Natureza se torna consciente, e o homem se pergunta então sobre suas próprias obras e sobre o que ele mesmo é. Seu espanto e admiração se tornam ainda mais sérios quando ele se depara, pela primeira vez, com a morte e com a transitoriedade não apenas de todos os seres, mas também de todos os esforços, obras e ações. Como resultado dessa consciência e dessa admiração, temos que o homem é o único animal que tem necessidade de uma metafísica, e por isso ele pode ser chamado de animal *metaphysicum*.

Quanto menos inteligente um indivíduo é, menos enigmática a existência lhe parece. E em sentido contrário podemos dizer que, quanto mais inteligente, mais complexos lhe parecem a vida, o ser e a existência. Schopenhauer também leu o Livro de Eclesiastes e concordava com a afirmação de que no muito conhecimento há muito enfado, e ainda acrescentou: "os gênios são os que mais sofrem". Em sua obra *Aforismos para uma sabedoria de vida* ele também afirma que todo gênio – seja na filosofia, na política ou nas artes – parece melancólico. Essa é uma das razões pelas quais indivíduos intelectualmente sofisticados geralmente se sentem deslocados em sua vida social, como mostramos no capítulo "Sobre não ter lugar no mundo". Aristóteles, por sua vez, comenta em sua *Metafísica* que o espanto e a admiração são os pontos de partida da filosofia – não constituindo, todavia, suas únicas causas. A consciência da mortalidade e a experiência do sofrimento são também essenciais para o despertar filosófico e para uma interpretação metafísica do mundo.

Se nossa vida fosse interminável e sem dor, ninguém provavelmente se perguntaria por que o mundo é assim e não de outra forma. Os sistemas metafísicos e suas versões simplificadas – as religiões – são por isso muito mais populares do que as filosofias materialistas ou céticas. O interesse maior desse tipo de metafísica é garantir a imortalidade, e os deuses se mostram importantes não por serem quem são, mas pelo fato de as doutrinas sobre a imortalidade precisarem de sua garantia. Caso fosse possível alcançar a imortalidade sem a intervenção de entidades divinas, o ateísmo provavelmente teria exercido uma influência mais significativa ao longo da história.

A dualidade mente-corpo também pesa sobre nós. Somos finitos, limitados e mortais, mas podemos conceber o infinito, o ilimitado e a imortalidade – ainda que jamais tenhamos tido qualquer experiência desses conceitos. O contraste entre nossas funções animais e nossas abstrações mais sublimes pode gerar tamanha angústia que leva alguns poetas ao desespero. Em *O quarto de toalete da dama*, Jonathan Swift conta sobre um jovem que, após vasculhar o quarto de sua amada – por ele idealizada como uma deusa –, encontra cosméticos usados e sujos, contrastando com a limpeza, a beleza e o perfume que ela exibia em público. O que mais o traumatiza nessa incursão pelo quarto vazio da dama – e que muda para sempre sua visão sobre as mulheres – é o momento em que ele abre uma caixa, por ele associada à "caixa de Pandora", e descobre ali as fezes de sua amada. Ele então exclama: "Oh! A Célia, a Célia, a Célia caga!" Ernst Becker cita esse poema em sua obra *A negação da morte* para ilustrar que em nós, seres humanos, o belo, o sublime e o divino são inseparáveis de nossas funções animais básicas. Também atua nesse sentido a afirmação de Michel de Montaigne de que "no mais alto trono do mundo o homem senta-se sobre o seu traseiro".

Como viver então?

Esse diagnóstico da condição humana não deve ser compreendido como um desencorajamento ao pensar. Há quem se entristeça com reflexões desse tipo a ponto de evitar pensadores como Schopenhauer, mas a filosofia, por si só, não adoece ninguém. Diversos outros fatores psicológicos estão envolvidos na constituição da saúde mental, de modo que ninguém deveria recear tornar-se melancólico apenas por ler textos de filosofia. Freud já observava que a razão é fraca diante de nossa vida pulsional e inconsciente – motivo pelo qual considerava seus escritos sobre religião inofensivos e incapazes de converter alguém ao ateísmo. De maneira semelhante, as reflexões do pregador e de Schopenhauer não são suficientes para levar alguém a um estado de melancolia ou depressão, devendo ser vistas como uma provocação sobre o que de fato importa na vida.

Considerando o diagnóstico apresentado até aqui, o que fazer? Veremos que a conclusão apresentada ao fim do Livro de Eclesiastes não responderá aos problemas identificados. Tendo em vista que nos aproximamos desse texto não como um livro sagrado, mas como uma obra de sabedoria da Antiguidade, vamos analisar criticamente seu desfecho e tentar compreender a solução mais provável que o autor vislumbrava para o quadro apresentado.

No penúltimo versículo da obra, o pregador conclui que devemos temer a Deus e guardar os seus mandamentos, pois esse é o dever de todo homem[29]. Perceba que tal obediência a Deus se impõe, no entanto, como uma obrigação, e não como uma prática capaz de conferir sentido a todas as coisas que se fazem debaixo do sol. Tampouco o julgamento divino prometido no versículo seguinte[30] soluciona o absurdo da existência humana, o que fundamenta a hipótese de que o desfecho da obra seja um acréscimo posterior, inserido possivelmente por autoridades eclesiásticas que consideraram o texto pouco religioso.

As respostas do pregador são oferecidas ao longo de toda a obra. Sua verdadeira conclusão parece ser que devemos viver a vida a cada instante e sempre no momento presente. Comer, beber, alegrar-se, desfrutar do fruto do seu trabalho e estar ao lado de quem se ama: essa é a porção que nos cabe neste mundo de dores e sofrimentos[31]. Ele também nos adverte sobre as armadilhas do passado e do futuro: nunca devemos nos perguntar por que os dias passados foram melhores do que os atuais, pois tal questionamento não provém da sabe-

29. Eclesiastes 12,13.

30. "Porque Deus há de trazer a juízo toda a obra, e até tudo o que está encoberto, quer seja bom, quer seja mau" (Ecl 12,14).

31. Eclesiastes 3,12-13; 3,22; 5,18; 8,15; 9,9.

doria. Quanto ao futuro, ele nos lembra de que este será inevitavelmente a morte, e por isso devemos aproveitar agora os frutos de nosso esforço, pois ninguém poderá nos trazer de volta à vida para vermos o que será depois. Nem pensar que os dias passados foram melhores, nem trabalhar apenas para construir o futuro, mas viver simplesmente hoje: isso é tudo que nos resta fazer.

As alegrias passageiras são mais importantes do que parecem à primeira vista. Reconhecer o valor das atividades mais comuns de nossa existência e encontrar nelas prazer é o que nos resta neste mundo aparentemente sem sentido, no qual tudo não passa de uma eterna repetição. Nossas tarefas cotidianas – as mesmas que o autor identifica como partes de um eterno retorno – podem ser ressignificadas e tornadas fonte de alegria. A conclusão do Kohelet se assemelha, nesse sentido, às últimas palavras de Albert Camus em *O mito de Sísifo*: "A própria luta em direção aos cimos é suficiente para preencher um coração humano. É preciso imaginar Sísifo feliz".

Não sabemos o tamanho exato da pedra de Sísifo. Os mitos gregos não fornecem as medidas do instrumento de tortura que o rebelde levava montanha acima, mas isso pouco importa: o essencial é o movimento, a própria atividade. Ainda que a pedra coubesse no bolso, o engenhoso castigo continuaria a cumprir sua função. Se o trajeto ascendente configura, por um lado, uma experiência de desespero diante do absurdo, ele também pode ser visto, por outro, como capaz de trazer plenitude ao coração. Por mais que nossas atividades sejam – ou pareçam – sem sentido, elas, ainda assim, podem ser vistas como o nosso quinhão de felicidade neste mundo. Devemos trabalhar de modo a desfrutar hoje mesmo das recompensas de nosso esforço, e elas não precisam ser grandiosas: a alegria pode ser encontrada nas menores coisas.

Sobre superar a si mesmo

Por que deveríamos melhorar a nós mesmos? A forma como muitas pessoas conduzem suas vidas deixa claro que a autossuperação não está entre suas prioridades. Como poderíamos convencer alguém – já plenamente satisfeito consigo mesmo – de que deveria se tornar uma versão melhor de si? A verdade é que não podemos, embora Immanuel Kant tenha até mesmo argumentado que o autoaperfeiçoamento – o cultivo de nossos talentos e habilidades – é uma espécie de dever moral do homem consigo mesmo. Podemos demonstrar, no entanto, que a autossuperação é um dos caminhos para alcançar um objetivo que todo ser humano persegue, até mesmo os mais preguiçosos: a felicidade.

Para isso vamos dialogar neste capítulo com Friedrich Nietzsche. Mostraremos a relação entre superar obstáculos e o sentimento de que o poder cresce – processo definido pelo filósofo alemão como a própria felicidade. Não se trata aqui, todavia, de superar a si mesmo no sentido produtivista, como frequentemente encontramos em cartilhas corporativas. O objetivo nesse tipo de literatura é incentivar os indivíduos a desenvolverem suas habilidades para se tornarem mais eficientes no trabalho e, assim, aumentarem os lucros de um capital que nem mesmo lhes pertence. Nosso objetivo aqui, no entanto, passa longe de qualquer pretensa utilidade que a superação de si mesmo possa trazer: o único intuito é a felicidade.

A felicidade não é útil e nem serve como meio para qualquer outra coisa: ela é um fim em si mesma. Se alguém nos perguntar por que desejamos ser felizes, não teremos uma resposta satisfatória, pois ninguém busca a felicidade como instrumento para alcançar outro objetivo. Compare com outras atividades, tais como ganhar dinheiro e enriquecer. Se perguntarmos a alguém "por que você quer ficar rico?", veremos que algumas das finalidades serão parar de trabalhar, aumentar o poder de compra, levar uma vida confortável etc. Se insistirmos perguntando pelo fim último de cada uma dessas atividades, a cadeia só poderá ser interrompida quando chegarmos à felicidade. Desejamos ser felizes não por causa de algo maior, mas simplesmente porque queremos ser felizes. O problema é que há inúmeros caminhos que, embora nos prometam esse destino, apenas nos desviam dele.

A forma como a autossuperação pode nos tornar mais felizes é mais bem compreendida quando inserida no contexto da filosofia de Nietzsche. Por isso iniciaremos mostrando que seu pensamento é, acima de tudo, uma filosofia da autossuperação. Em seguida, abordaremos a ideia do *Übermensch*, ou além-do-homem. Mostraremos também que a filosofia do pensador alemão, pelo fato de visar a produção de grandes indivíduos, tem como público-alvo poucos leitores. Por fim, apresentaremos o caminho prático sugerido por Nietzsche para a felicidade.

Uma filosofia da autossuperação

Precisamos, antes de tudo, situar a obra de Nietzsche em seu devido horizonte. Uma das melhores formas de compreender seu pensamento é como uma *filosofia da autossuperação* – muito embora ele aborde temas diversos sem relação aparente com essa ideia. Ter uma chave de leitura é essencial para interpretar um filósofo como Nietzsche, tendo em vista sobretudo que ele não escrevia de maneira sistemática, mas utilizava aforismos e conduzia experimentos de pensamento sem receio de errar ou se contradizer. O estilo literário de Nietzsche torna sua obra fácil de ler, mas difícil de compreender. Isso é bem diferente, por exemplo, das obras de Kant e Hegel, filósofos que escreviam principalmente para especialistas em filosofia. Quando dizemos que Nietzsche é fácil de ler, temos em mente obras como *Assim falou Zaratustra*, as quais fazem uso frequente de imagens, metáforas e analogias compreensíveis apenas a quem já tem certa familiaridade com outras obras do filósofo. A leitura de Nietzsche pode ser esteticamente acessível a um amplo público, mas a experiência filosófica de seus textos – isto é, compreendê-los em profundidade – exige preparo e familiaridade com suas ideias. Sem o devido conhecimento do contexto geral de sua filosofia, corremos o risco de incorrer no mesmo equívoco dos nazistas, os quais se apropriaram de passagens isoladas – muitas vezes fornecidas pela própria irmã do filósofo – apenas para sustentar preconceitos e más interpretações.

Um texto filosófico, contudo, não deve ser tratado dessa maneira. Filosofar exige calma, paciência e alta carga de leitura, de modo que só podemos compreender Nietzsche após uma imersão em sua obra acompanhada dos melhores comentadores. Filósofos como ele também exigem, ainda mais do que outros, a chamada complacência hermenêutica, isto é, a melhor interpretação possível a partir de seu próprio ponto de vista. É um erro, por exemplo, projetar em Nietzsche mais teor político do que sua obra comporta. Alguns militantes e ativistas, por exemplo, forçam interpretações essencialmente políticas do filósofo alemão, pois, para eles, a política é o aspecto mais importante da vida. Para o próprio Nietzsche, no entanto, a política era algo secundário. Tentar fazer um filósofo dizer o que ele não disse é arriscado e quase sempre nos leva a tropeçar em sua leitura. Podemos dizer algo semelhante quanto a interpretações religiosas. Para muitas pessoas de fé, os temas mais importantes da vida são questões como a existência de Deus e o destino da alma após a morte. Por isso alguns leem Nietzsche – o filósofo que diagnosticou a morte de Deus – sob uma perspectiva estritamente religiosa, o que inevitavelmente deforma, distorce, desfigura seu pensamento. Nietzsche via a religião como derivada de questões mais fundamentais, sendo um produto das relações sociais e da interação do ser humano com a natureza. Por isso reforçamos a importância de uma chave de leitura adequada: não a política ou a religião, mas a *autossuperação* no contexto mais amplo da crítica da moral.

Não é possível sistematizar a obra de Nietzsche. Isso não significa, contudo, que não haja certa unidade temática ou mesmo um projeto por parte do filósofo. Há alguns fios condutores que nos permitem compreender os objetivos filosóficos por trás de todos os seus experimentos de pensamento, sendo a autossuperação um deles. Não é por acaso que uma das principais áreas de concentração de Nietzsche é a crítica da moral, e tampouco é mero acidente que ele tenha utilizado o conceito de *sublimação* décadas antes de Sigmund Freud. Nietzsche acreditava que a maioria dos seres humanos jamais se elevava muito além do nível dos animais, possuindo como única vantagem o *potencial* para se erguer além destes. Apenas alguns poucos "filósofos, artistas e santos" tornam-se de fato humanos. Essa tríade lembra a subdivisão hegeliana do Espírito em arte, religião e filosofia, esferas que caracterizam formas elevadas da atividade humana. Animais não criam obras de arte, não filosofam nem superam seus instintos como o faz um santo ou asceta. Quem se dedica a tais atividades pode ser considerado, portanto, um verdadeiro ser humano.

O homem deve ser superado

Uma vez compreendido que o pensamento de Nietzsche é uma filosofia da autossuperação, torna-se mais fácil também entender seu conceito de *Übermensch*. Uma interpretação possível desse "além-do-homem" é vê-lo como um objetivo a ser alcançado, um estágio após o atual ser humano. Isso não implica, todavia, uma evolução biológica. A transformação de que nos fala Nietzsche deve ser compreendida em termos de desenvolvimento espiritual ou cultural – no sentido do substantivo alemão *Geist*. O *Übermensch* é uma espécie de filósofo que reconhece a afinidade entre os problemas filosóficos e a dimensão do sagrado, podendo ser visto como a mais alta elevação do poder da razão e da consciência. E quando Nietzsche fala sobre religião, devemos lembrar que seu referencial é o deus grego Dionísio e o que ele representava na cultura grega.

O *Übermensch* é raramente mencionado nas obras de Nietzsche. Essa ideia é apresentada como uma doutrina na obra *Assim falou Zaratustra*, na qual o filósofo do martelo fala também sobre o seu oposto: o "último homem". Este pode ser compreendido, por sua vez, como aquele indivíduo mencionado no início deste capítulo: satisfeito consigo mesmo e avesso a riscos, ele aceita, no entanto, um pequeno prazer às vezes, mas cuida de sua saúde e tem vida longa. O último homem é o utilitário moderno que acredita ter inventado a felicidade e se considera bem-informado. Podemos compreendê-lo também como um *couch potato*[32], alguém que passa a maior parte do tempo no sofá, consumindo *fast-food* e assistindo televisão, sem grandes objetivos na vida. Os últimos homens já estão presentes entre nós – podemos reconhecê-los facilmente ao nosso redor –, embora não possamos ter certeza se já surgiu, em nossa geração, um *Übermensch*.

O além-do-homem corresponde também à terceira fase das metamorfoses do espírito. Nietzsche afirma, em *Assim falou Zaratustra*, que o espírito passa por três mutações: primeiro ele se torna camelo, depois leão e, por fim, criança. O camelo representa a fase inicial da humanidade – aquela em que se carrega o peso, o fardo. É quando se tem admiração pelos valores, se acredita em ideais e se formam os valores morais e culturais. O primeiro movimento, afirma Nietzsche, é venerar, obedecer e aprender, carregar o peso do passado. A própria fase inicial de Nietzsche também foi assim: ele ocupava-se dos antigos, venerava os clássicos, o pensamento grego e as realizações do passado. Foi quando descobriu, por exemplo, os filósofos pré-socráticos, especialmente Heráclito.

A segunda fase da metamorfose do espírito é simbolizada pelo leão. Para alcançar a liberdade, o espírito humano precisa agora lutar contra os ideais e as concepções morais de seu tempo, fazendo surgir no horizonte

32. Essa expressão inglesa não tem uma tradução exata para o português.

a época do espírito livre. Na vida de Nietzsche, essa fase teve início com o fim de sua carreira universitária, em 1879, e foi marcada por uma vida errante e uma intensa produção intelectual. Ele alterou seu estilo literário e passou a escrever em aforismos, anunciando o colapso de todos os valores. Foi nesse período que ele começou a prenunciar a inevitabilidade do niilismo.

Por fim, chega-se à fase da criança. Essa terceira metamorfose representa um novo começo e a superação do niilismo. A criança diz "sim" à vida e ao mundo, aqui e agora. O homem desse novo tempo não tem nenhum deus nem qualquer outro homem acima de si, e se torna plenamente responsável por si mesmo. Ele é um criador que constantemente supera a si mesmo – é uma passagem e um declínio ao mesmo tempo, como o próprio Nietzsche afirma em *Assim falou Zaratustra*, obra que marca sua passagem para essa fase.

O *Übermensch* de Nietzsche pode ser compreendido, portanto, como a criança dessa terceira fase. Ele representa vitalidade, curiosidade e aceitação dos riscos oferecidos pela vida e pelo mundo, manifestando em si uma vontade de potência mais que humana. O *Übermensch* não é um ideal que todos poderão alcançar, tampouco é alguém que deve governar os outros. Nietzsche afirma categoricamente que o último homem e o *Übermensch* vivem ao mesmo tempo, lado a lado, mas um não deve dominar o outro. Essa ideia de Nietzsche não deve ser compreendida de maneira política, pois ao *Übermensch* não interessa os demais: ele não os aprecia nem os despreza, apenas é indiferente a eles.

Para quem Nietzsche escrevia

Assim como o *Übermensch* não é um ideal para todos, tampouco Nietzsche escrevia para um público amplo. Embora esperasse, em certa medida, algum reconhecimento de sua obra, ele jamais teve a pretensão de ser um filósofo popular. Zaratustra, por exemplo, carrega traços de seu autor: meditativo, solitário e incompreendido pela multidão. Nietzsche escrevia com um público-alvo específico em mente, e em algumas obras – como *O anticristo* – ele deixa claro a quem dirige suas palavras.

Logo no prefácio dessa pequena obra Nietzsche anuncia quem são os seus leitores. Ele avisa que esse escrito pertence a poucos – e que talvez a maioria de seus verdadeiros leitores ainda nem tenha nascido. Ao declarar que “há indivíduos que nascem póstumos”, ele provavelmente se referia também a si próprio, revelando certa confiança de que suas obras, um dia, encontrariam os leitores que buscava.

Nietzsche também descreve quais são os pré-requisitos para que ele seja compreendido. É preciso ter coragem de questionar, ousadia diante do proibido e estar acima das modas da política e do egoísmo de seu tempo.

Não interessa se a verdade é útil – ela deve ser buscada por si mesma, independentemente do que se possa fazer com ela. Identificamos aqui uma crítica ao utilitarismo e àquela perspectiva, hoje ainda mais presente, segundo a qual só interessa aquilo que tem aplicabilidade imediata. Há quem diga, por exemplo, não gostar de filosofia por não saber o que "fazer" com ela, como se o saber filosófico devesse produzir objetos como sapatos, mesas ou casas. Se Nietzsche critica, por um lado, todas as construções metafísicas anteriores, ele também rejeita, por outro, a ideia de que o pensamento deve se orientar apenas segundo a utilidade. Não há qualquer relação de causalidade entre verdade e utilidade, de modo que a verdade, às vezes, não serve para absolutamente nada.

No primeiro aforismo de *O anticristo,* Nietzsche menciona os *hiperbóreos*. O significado do termo não é muito relevante em uma perspectiva filosófica, pois trata-se, antes, de compreender a reflexão: o significado isolado da palavra esclarece apenas parcialmente a leitura. O essencial aqui é observar que Nietzsche e seus leitores, os hiperbóreos, são contrastados com o *homem moderno*, e reside aqui uma das críticas mais importantes de Nietzsche ao seu tempo. Os hiperbóreos são, na mitologia grega, um povo que habita uma terra paradisíaca ao extremo norte. Eles não adoecem nem envelhecem, ocupam-se de dança e canto, e sua terra não pode ser alcançada nem por navio nem a pé – apenas os deuses podem lá chegar. Nessa passagem os hiperbóreos representam a solidão, o sublime e a beleza espiritual. Esse povo mítico é citado não apenas no início, mas também mais adiante na obra, como no sétimo aforismo. Nietzsche se imagina como um deles e escreve para indivíduos semelhantes: marcados pela solidão, pelo sofrimento, por um refinado senso estético e pela busca corajosa, e desinteressada, pela verdade. Esses são os leitores que Nietzsche esperava encontrar.

O que é a felicidade?

O que apresentamos até aqui estabelece os parâmetros para uma compreensão mais precisa da relação entre autossuperação e felicidade. Vimos que a filosofia de Nietzsche é, em linhas gerais, uma filosofia da autossuperação, a qual vislumbra no horizonte o surgimento do *Übermensch*. Esse além-do-homem não deve ser entendido, no entanto, como uma evolução biológica do gênero humano, mas como um estado de espírito alcançado por poucos. Essa é, por sua vez, uma das razões pelas quais Nietzsche escrevia para um público restrito – para hiperbóreos como ele.

Em *O anticristo* encontramos uma passagem de fundamental importância para compreender a relação entre autossuperação e felicidade. O trecho aparece logo no segundo aforismo da obra, como uma espécie de catecismo definindo os conceitos de bom, ruim e felicidade:

> O que é bom? – Tudo o que aumenta o sentimento de poder, a vontade de poder, o poder mesmo no homem. O que é ruim? – Tudo o que deriva da fraqueza. O que é a felicidade? – O sentimento de que o poder cresce, de que um obstáculo é superado.

Nietzsche utiliza aqui o conceito de "vontade de poder" – às vezes traduzido também como "vontade de potência". Sua primeira ocorrência aparece em *Assim falou Zaratustra*, em que designa a vontade de superar a si mesmo. Seu uso aparece geralmente no contexto moral, mas, considerando que vontade de potência e autossuperação estão intrinsecamente relacionadas, propomos aqui uma leitura dessa passagem que ultrapassa a mera exegese do texto – ainda que permaneça no horizonte da filosofia nietzscheana.

Perceba que Nietzsche fala sobre "superar obstáculos". Em sua filosofia moral, isso significa que agir moralmente é difícil – conclusão compartilhada por praticamente todos os sistemas éticos. Consideremos, no entanto, essa expressão de maneira mais ampla. O que sentimos, em geral, ao vencer barreiras e obstáculos? Quando lutamos e triunfamos, somos tomados por um profundo bem-estar, uma enorme euforia que percorre nosso peito e busca ser comunicada a outros. Seja diante dos eventos mais simples da vida ou das mais altas realizações humanas, vencer é sempre prazeroso. Ao sermos aprovados em um concurso difícil, por exemplo, superamos um obstáculo. O sucesso era incerto, mas, por meio de nossas ações – como centenas de horas de estudo –, saímos mais fortes. Ao vencermos qualquer tipo de competição, seja profissional, artística ou esportiva, sentimos que superamos não apenas a nós mesmos, mas também todos que disputavam o mesmo prêmio. Um time de futebol, ao conquistar um longo campeonato, grita, extravasa, dança, celebra, anuncia ao mundo inteiro sua vitória. O que estamos descrevendo aqui é o sentimento de que o poder cresce, de que obstáculos foram superados.

Se analisarmos a situação contrária, isso se torna ainda mais evidente: a derrota nos entristece, deprime e nos deixa com a sensação de fraqueza, inadequação e debilidade. Perceba que, antes de se perguntar o que é a felicidade, Nietzsche havia se perguntado o que era ruim (*schlecht*), e respondeu: "tudo que se origina da fraqueza". Podemos perceber então como vitória e derrota se relacionam intimamente com força e fraqueza, alegria e tristeza. Superar obstáculos nos proporciona duas experiências: o sentimento de potência e o prazer do relaxamento após uma grande tensão – assim como ocorre no ato sexual. A felicidade não seria, no entanto, um estado a ser alcançado apenas uma vez, mas algo a ser conquistado a todo momento, pois o poder deve crescer sempre. Não se trata de simples euforia ou de excitações momentâneas, mas de uma forma de vida em que a impotência é constantemente superada.

Nietzsche não sugere, no entanto, que devemos nos impor aos outros. Trata-se de nós mesmos, de sermos cada vez melhores do que fomos ontem. Mesmo quando o filósofo do martelo menciona a competição entre nações, ele diz que uma deve invejar a outra por seus feitos e realizações, mas não se impor pela força. Isso significa, em nossa vida individual, sermos melhores a cada dia. Não se trata de nos compararmos aos outros para avaliar quão excelentes somos em determinada área ou atividade, mas de sermos melhores do que nós mesmos e encontrarmos satisfação no próprio progresso. Você já viu alguém se entristecer por ter se tornado uma pessoa melhor, superar um obstáculo ou alcançar algo difícil? Por isso é importante sempre manter viva a memória de quem fomos – não apenas ontem, mas também ao longo dos anos – para não esquecermos o quanto já percorremos.

Nesse sentido, ofereço uma recomendação prática. Manter um caderno de anotações, ou qualquer outro tipo de registro, nos ajuda a jamais esquecer nosso itinerário. Já tive alunos que viam a si mesmos como um total desastre e estavam convencidos de que não tinham talento algum para os estudos. Minha perspectiva de professor, no entanto, era bem diferente: eu sabia o quanto eles haviam melhorado e os lembrava disso, afirmando que deveriam se orgulhar de seu progresso. Se olharmos não apenas para frente – para o quanto ainda falta para alcançar nossos objetivos –, mas também para trás, reconhecendo o quanto já percorremos, podemos constatar que o poder cresce, e isso nos traz enorme satisfação.

Sobre afirmar esta vida

Imagine que você está viajando para um lugar distante. Você não tem nenhum dispositivo eletrônico para orientar seu trajeto, mas apenas um bom e velho mapa de papel. Trechos do caminho estão bloqueados, algumas pontes destruídas, você precisa contornar alguns desvios e pegar alguns atalhos. Essa é uma viagem de várias semanas, e qualquer erro na caminhada pode resultar em dias de atraso. Com que frequência você olharia no mapa para se certificar de que está no caminho correto? Você conferiria o trajeto antes de tomar qualquer decisão? Ou só o faria se algo parecesse errado, como ao cair em um pântano ou deserto?

Esse mapa é uma analogia para nosso projeto de vida. Se revisarmos nosso percurso com regularidade, poderemos evitar aquelas crises que, a certa altura da vida, trazem tanto sofrimento. A maioria das pessoas, no entanto, reflete sobre sua trajetória apenas ao cair nos vales, pântanos e desertos da vida, quando já é tarde demais para sair dali sem ajuda. Por isso devemos nos perguntar constantemente: estou satisfeito com a vida que tive até agora? Tenho vivido como gostaria? Quais planos consegui realizar? Se pudesse começar de novo, repetiria tudo o que já fiz?

Neste capítulo vamos falar sobre escolhas e responsabilidade. Para isso vamos dialogar com Friedrich Nietzsche e Jean-Paul Sartre, filósofos que nos convidam a refletir sobre a forma como temos vivido e nos convocam a assumir as rédeas de nossa existência. Veremos também como nossas emoções, condicionadas por nossas crenças, alteram a forma como percebemos o mundo ao nosso redor.

Você repetiria sua vida atual?

A vida que temos poderia ser melhor. Se tivéssemos a chance de voltar ao passado e mudar certos eventos e circunstâncias, sem dúvida alguma faríamos uso deste expediente. O que sabemos, no entanto, sobre o número de vidas que temos? Uma outra existência seria uma continuação desta ou completamente diferente? Será possível algum dia viajar no tempo e alterar os rumos da história? São questões para as quais não temos respostas. Considerando que a filosofia parte do firme terreno da experiência, nossa reflexão terá como pressuposto, portanto, o fato de que temos apenas uma vida e não podemos alterar o passado. Se quisermos mudar algo, deve ser aqui e agora.

Para isso vamos dialogar com Friedrich Nietzsche e suas reflexões sobre o eterno retorno. Talvez você já tenha ouvido essa expressão, mas devemos observar inicialmente que ela não deve ser entendida como um conceito ou uma teoria, sendo mais bem compreendida como um tipo de doutrina, como o conteúdo de um ensinamento. Para o próprio Nietzsche, o eterno retorno descrevia a experiência suprema de uma vida rica em sofrimento, dor e agonia, sendo também uma espécie de teste psicológico para avaliar a própria vida. O interesse de Nietzsche nesse mito reflete sua ideia de que a vida deve ser vivida e apreciada por si mesma – não devemos valorizar este mundo apenas como um prelúdio para outro, seja o céu cristão ou uma sociedade ideal futura, mas temos de viver esta vida agora, pois é a única que temos. Com a doutrina do eterno retorno, Nietzsche está dizendo "sim!" a esta vida.

O eterno retorno é basicamente a ideia de um tempo que se repete, indefinidamente. Observe que temos aqui uma concepção de tempo circular, como uma roda que gira e passa sempre pelo mesmo ponto. Essa ideia pode ser encontrada já na Pérsia, aproximadamente na época de Zaratustra, assim como na filosofia védica, por volta do ano 1500 a.C., na Índia. No Ocidente, podemos encontrá-la na filosofia de Heráclito, dos pitagóricos e dos estoicos. A ortodoxia cristã, no entanto, rejeita essa concepção: a vida e a morte de Jesus Cristo dividiram a história em duas. O conceito de tempo para a Igreja é linear, de modo que a história teve um início, passa por vários desdobramentos e terá um fim.

Encontramos a ideia do eterno retorno em sua formulação mais completa no aforismo 341 da obra *A gaia ciência*. Leremos o trecho na íntegra e comentaremos logo em seguida seus pontos principais.

> 341 – O peso mais pesado. – E se, um dia ou uma noite, um demônio se viesse introduzir na tua suprema solidão e te dissesse: "Esta existên-

> cia, tal como a levas e a levaste até aqui, vai-te ser necessário recomeçá-la sem cessar; sem nada de novo; muito pelo contrário! A menor dor, o menor prazer, o menor pensamento, o menor suspiro, tudo o que pertence à vida voltará ainda a repetir-se, tudo o que nela há de indizivelmente grande e de indizivelmente pequeno, tudo voltará a acontecer, e voltará a verificar-se na mesma ordem, seguindo a mesma imperiosa sucessão... esta aranha também voltará a aparecer, este lugar entre as árvores, e este instante, e eu também! A eterna ampulheta da vida será invertida sem descanso, e tu com ela, ínfima poeira das poeiras!..." Não te lançarias por terra, rangendo os dentes e amaldiçoando esse demônio? A menos que já tenhas vivido um instante prodigioso em que lhe responderias: "Tu és um deus; nunca ouvi palavras tão divinas!" Se este pensamento te dominasse, talvez te transformasse e talvez te aniquilasse; havias de te perguntar a propósito de tudo: "Queres isto? E queres outra vez? Uma vez? Sempre? Até ao infinito?" E esta questão pesaria sobre ti com um peso decisivo e terrível! Ou então, ah!, como será necessário que te ames a ti próprio e que ames a vida para nunca mais desejar outra coisa além dessa suprema confirmação!

Perceba, nessa passagem, que o desafio é lançado por um demônio. Nietzsche nos convida a imaginar que esse ser apareça diante de nós e pergunte se queremos repetir esta mesma vida – exatamente como ela foi vivida até hoje, com todos os eventos se sucedendo na mesma sequência, cada dor e alegria, tudo exatamente da mesma forma. O filósofo do martelo vislumbra duas possíveis respostas: por um lado, poderíamos amaldiçoar esse demônio, o que significa que não aprovamos a vida que tivemos até então. Por outro, poderíamos nos lembrar de pelo menos uma experiência em nossa vida que desejaríamos viver novamente, respondendo ao demônio que nunca vimos algo mais divino. Este é, portanto, o teste proposto: estamos dispostos a afirmar a vida que levamos? Viveríamos tudo outra vez? O que faríamos de diferente? A doutrina do eterno retorno pode ser compreendida como um teste psicológico, uma provocação filosófica para avaliar se, de fato, amamos nossa vida. Ela seria uma espécie de imperativo existencial, uma maneira de considerar os rumos de nossa história e orientar nossas decisões.

O pensamento de Nietzsche é uma filosofia da autossuperação. Um de seus principais objetivos é afirmar esta vida, a despeito de todas as dificuldades que escapam ao nosso controle. O próprio filósofo alemão passou grande parte de sua vida doente, solitário e rejeitado no amor, mas isso nunca o fez amaldiçoar esta vida – ao contrário, ele fez questão de afirmá-la, mesmo diante de todo o sofrimento.

A doutrina do eterno retorno é o teste definitivo sobre os rumos de nossa existência. Amar a vida significa amar o simples fato de estarmos vivos, e devemos tirar o máximo proveito dessa condição, realizando nossas potencialidades e tornando-nos aquilo que realmente somos. Às vezes parece haver obstáculos, mas resta investigar a natureza de tais empecilhos: estão realmente no mundo? Ou seriam apenas monstros de nossa própria representação? E mesmo que pertençam à realidade objetiva, não seriam talvez cadeias, prisões e correntes construídas por nós mesmos? Isso não é tão incomum quanto parece. Veremos com o filósofo existencialista Jean-Paul Sartre que somos livres e sempre temos escolhas, não importa a situação.

Abertura e responsabilidade

Muitas vezes nos vemos em becos aparentemente sem saída. Desejamos tentar outra profissão, terminar um relacionamento ou mudar para um lugar distante, mas negamos a nós mesmos essas alternativas dizendo que não temos escolha. No fim das contas, permanecemos no mesmo emprego, mantemos o relacionamento e continuamos morando no mesmo lugar porque acreditamos que não poderia ser de outra forma. A questão é que isso nem sempre é verdade, e o existencialismo coloca sobre os ombros de cada indivíduo a responsabilidade por sua própria vida. É muito mais fácil responsabilizar o mundo ao nosso redor por aquilo que nos tornamos cotidianamente, mas para um existencialista não há desculpas.

O ser humano não é nada mais do que ele faz de si mesmo. Essa tese existencialista eleva o valor do homem acima daquele de uma pedra ou de uma mesa, visando também explicar o fato de que primeiro existimos – estamos neste mundo – e apenas depois nos definimos. Tal precedência da prática em relação à teoria encontra ainda outra formulação em Sartre: a existência precede a essência. Isso significa que não há determinismo, não fomos criados a partir de uma forma, não existe um manual que nos diga como viver, para onde ir ou qual caminho seguir. Somos livres, pura abertura, e por isso não há desculpas: o ser humano é um ser que se projeta no futuro, tem consciência de si e molda a si mesmo. E tampouco o sentido da vida seria algo dado *a priori*, de antemão. Antes de vivermos, a vida não é nada, de modo que cabe a nós atribuir-lhe um sentido enquanto existimos e agimos neste mundo.

Outro conceito importante do existencialismo é o de desamparo. Isso quer dizer basicamente que estamos sozinhos no mundo e que não há ninguém que nos diga o que fazer, como viver ou quais decisões tomar. Para o existencialista, não há um Moisés descendo do Monte Sinai com mandamentos prontos e talhados em pedra nos dizendo o que fazer e o que evitar. Isso tornaria a vida muito mais simples, pois, quando alguém nos diz o que é certo e errado, não precisamos pensar por conta própria. E dessa situação de desamparo vem outra consequência importante para o existencialismo: a de que o homem está condenado a ser livre. Condenado pelo fato de não ter criado a si próprio, de não ter vindo a este mundo por sua própria escolha, e livre porque, uma vez jogado aqui, é responsável por tudo que faz.

Quais são, no entanto, os limites do que é possível? O que dizer de um indivíduo desempregado, por exemplo? Será que ele realmente tem a liberdade descrita por Sartre, de modo que, se ele desejasse acabar com sua miséria, isso seria suficiente para que acontecesse na prática? A liberdade de que fala o existencialista não é no sentido de que podemos ser o que quisermos, pois o querer é algo de outra ordem. O fato é que sempre temos escolhas, mesmo que elas não sejam aquelas de que gostaríamos. Para Sartre, esse homem desempregado é livre no sentido de que pode se resignar em sua miséria, não fazendo absolutamente nada, ou pode lutar contra toda e qualquer forma de penúria material, não apenas em seu nome, mas em nome de toda a humanidade. Esse indivíduo está diante de duas alternativas: ele pode escolher ser aquele que se recusa a aceitar a pobreza como o destino inelutável de todos os homens ou pode ser aquele que irá se resignar e aceitar que a miséria é uma situação inevitável. Perceba que, embora suas opções sejam limitadas, ainda assim ele pode escolher.

Quanto à responsabilidade, ela não é apenas individual. Cada indivíduo é responsável também pelas ações de todo o gênero humano, e isso pelo fato de cada ação evocar uma certa imagem da humanidade. Toda escolha se orienta por um juízo de valor, e tendo em vista que nunca escolhemos o que é ruim, mas apenas aquilo que achamos bom – ou o melhor em dada situação –, segue-se que nada pode ser bom para nós sem que o seja também para os outros. Se, por um lado, somos radicalmente livres, pesa sobre nossos ombros, por outro, a responsabilidade de decidir sempre por toda a humanidade.

Não somos vítimas das emoções

As emoções parecem limitar nossa liberdade. Há quem não consiga abandonar um relacionamento abusivo, por exemplo, por parecer que suas emoções conflituosas impedem uma resolução convicta de que aquele curso de ação resultará em um sofrimento menor que o atual. As emoções já foram compreendidas de diversas maneiras ao longo da história, mas quase sempre sob luzes desfavoráveis. Tendo em vista que o empreendimento filosófico é uma tarefa da razão, não é de se admirar que os filósofos frequentemente tenham tratado as emoções com desconfiança, pois elas perturbam não apenas o pensamento claro e correto, mas também o agir moral e equilibrado. Sócrates e Platão consideravam os afetos como inferiores à parte racional do homem, mas Aristóteles já recomendava apenas o seu controle, buscando sempre o caminho do meio para agir de maneira virtuosa. Para os estoicos, todavia, nem mesmo a moderação aristotélica era suficiente: eles viam os afetos como erros da razão – e, como tais, deveriam ser totalmente eliminados. Como seria, no entanto, um mundo sem emoções? E qual a melhor maneira de lidar com elas para uma vida equilibrada?

Um mundo sem emoções seria cinza e distópico. Pelo menos é o que nos apresenta o filme *Equilibrium*, de 2002[33], do diretor Kurt Wimmer. Ao concluir que guerras, conflitos e outros males da humanidade sempre foram causados pelas emoções, um governo totalitário obriga cada cidadão a injetar diariamente uma droga a fim de anestesiar os sentimentos. A ideia básica faz sentido: Você de fato já viu alguém entrar em uma briga por motivações puramente racionais, sem influência das emoções? Na ausência de sentimentos como inveja, despeito, orgulho, ciúme ou raiva, não restam muitos motivos para entrar em conflitos. O problema é que a ausência de sentimentos traz também outras consequências, tais como o fim da arte e da experiência estética. Logo no início do filme, por exemplo, alguns oficiais do governo descobrem e queimam o original da *Mona Lisa*, de Leonardo da Vinci. Sem emoções não somos mais afetados pelo belo e pelo sublime.

Se abandonarmos, no entanto, o dualismo mente-corpo por meio do qual as emoções quase sempre foram consideradas, poderemos vê-las sob luzes mais favoráveis. O filósofo Baruch de Espinosa (1632-1677) tratou a questão de maneira inovadora a partir de seu panteísmo. Se os afetos são parte da natureza, e se nela nada se produz "que se possa atribuir a um defeito dela própria", então os afetos não devem ser vistos como erros. O ser humano é parte integral da natureza, mas

33. O subtítulo do filme em inglês é *Killer of emotions*, literalmente "Matador de emoções".

quase sempre preferiu se enxergar como um império à parte dentro desse outro reino, o que Espinosa considera um equívoco. Se tanto a razão quanto os afetos compartilham a mesma origem, então podemos até mesmo *pensar* por meio das emoções.

Isso nos torna responsáveis também por aquilo que sentimos. Ninguém pode culpar as próprias paixões por suas atitudes, de modo que um indivíduo não pode alegar ter matado outra pessoa apenas por "estar com raiva", por exemplo. Se alguém apresenta tal justificativa diante de um tribunal, seu argumento não terá qualquer efeito para sua defesa, pois consideramos dever de todo indivíduo controlar as próprias paixões e se responsabilizar por seus atos. Se não fôssemos capazes de escolher, isso colapsaria a própria moralidade, a qual pressupõe a ideia de liberdade e a possibilidade de agir de outra maneira. Como Freud afirma, o ser humano é o único animal capaz de dizer "não" às suas pulsões. Quando alguém afirma que determinada emoção lhe compeliu a determinado curso de ação, parece tratar sua própria paixão como um agente externo, como se não fosse parte de si mesmo – o que é absurdo. Perceba, no entanto, que em diversas situações empregamos a mesma estratégia para fugir de nossa responsabilidade, mas sem perceber.

Sêneca refletiu sobre esse tema em *Sobre a ira.* O filósofo estoico afirma que esse sentimento se assemelha a uma espécie de loucura momentânea, e que alguém tomado por ela é como um prédio desabando: uma vez iniciado o movimento de implosão, não há como retroceder. Quando um indivíduo afirma ser incapaz de controlar suas emoções, ele está se referindo, na verdade, apenas ao último estágio de um processo que poderia ter sido interrompido antes. Para Sêneca, as paixões se desenvolvem em três momentos: inicialmente há um movimento involuntário, sobre o qual realmente não temos controle; o segundo movimento é acompanhado por uma expressão de vontade ainda não firmemente decidida, a qual formula juízos sobre o curso de ação a ser tomado; e no terceiro momento a paixão já tomou o controle sobre nós e venceu a razão.

Temos controle apenas sobre um desses movimentos. Sêneca afirma que o primeiro é simplesmente um estímulo, uma espécie de "golpe", e o compara aos calafrios involuntários que um contato inesperado com água fria nos provoca: nem mesmo o homem sábio pode evitar tais reações, as quais são apenas parte de nossa natureza. No segundo momento, contudo, estabelecemos uma causa aparente àquele estímulo e formulamos juízos sobre o curso de ação apropriado: se a água foi arremessada por um carro que passava sobre uma poça, significamos tal fato como se algo errado tivesse sido feito contra nós, o que exige então vingança. Note que esse é o único momento sob nosso controle: se assentimos a esse juízo, passamos ao terceiro movimento, no qual a raiva assume o comando e torna a razão uma mera observadora impotente.

O que Sêneca afirma sobre a raiva é apenas um exemplo. Todas as paixões seguem o mesmo movimento e podem ser controladas apenas no segundo estágio, quando a razão ainda pode decidir o curso de ação. Uma das principais tarefas da terapia filosófica, portanto, é destruir aquelas falsas crenças nas quais acreditamos, pois elas nos levam a vícios e provocam perturbações. Quando Sêneca afirma que temos controle sobre nossas emoções, ele se refere àquele momento em que a razão ainda pode decidir, o que ele explica por meio de uma analogia: se um indivíduo se joga de um penhasco, ele nada pode fazer quando já está em queda livre. Houve um momento, no entanto, em que ele teve controle da situação e poderia ter escolhido não se jogar. Ceder a falsas crenças é como permitir que um exército inimigo entre em nossa cidade para combatê-lo em nossa própria casa, quando o mais sensato seria simplesmente mantê-lo do lado de fora.

Sempre há uma escolha

Perguntamos anteriormente onde residem os limites à nossa liberdade. Vimos que nem mesmo as emoções estão fora de nosso controle, mas há ainda outras barreiras internas à nossa liberdade que precisamos superar mediante o uso adequado da razão. Aprendemos com os idealistas alemães Immanuel Kant e Johann Gottlieb Fichte que vemos no objeto aquilo que colocamos nele, no sentido de que o mundo é uma construção do sujeito. Suas reflexões, embora visando explicar como conhecemos o mundo externo, podem ser úteis também em nossa análise existencial: quando negamos nossa liberdade, o mundo se torna cheio de perigos, obstáculos e grilhões criados por nós mesmos, os quais nos levam a acreditar, por sua vez, que não temos escolha. Essa forma de autoengano recebe o nome de *má-fé* na obra de Jean-Paul Sartre.

O conceito de autoengano é paradoxal. Uma mentira qualquer geralmente envolve pelo menos dois agentes: um que sabe a verdade, mas a oculta, e outro que é enganado. O mentiroso nega a verdade de maneira consciente e deliberada, de modo que não podemos dizer que alguém está mentindo quando realmente acredita no que diz ou está simplesmente enganado. O problema do autoengano é que não há dois agentes, mas o processo de enganar e ser enganado acontece na mesma pessoa. Veja bem: como posso inventar uma mentira e acreditar nela se eu mesmo sou o seu criador? Santo Agostinho afirma em suas *Confissões* que conheceu muita gente que desejava enganar, mas nem um único indivíduo que gostava de ser enganado. Todos amam a verdade e a querem para si, até mesmo o mentiroso.

Como é possível então enganarmos a nós mesmos? Esse modelo cartesiano de um sujeito integrado e totalmente consciente de seus processos mentais parece inapropriado para explicar o autoengano. Se tomarmos como ponto de partida, no entanto, o sujeito freudiano cindido em sua dualidade consciente/inconsciente, podemos compreender melhor como é possível saber e não saber algo simultaneamente. Um exemplo seria o que Freud chama de *denegação*, processo em que o indivíduo formula de maneira negativa o conteúdo de um desejo inconsciente. Frases que se iniciam com a advertência "não leve a mal o que eu vou te dizer, mas..." são exemplos claros de denegação: o sujeito de fato quer ofender, mas ele enuncia esse desejo em sua forma negativa, como se não o quisesse. Note que ele não está sendo hipócrita aqui: se uma denegação está em curso, ele de fato não sabe que quer agredir, mas dá expressão consciente ao seu desejo mesmo assim[34]. Pequenas for-

34. Frases semelhantes nem sempre são instâncias de denegação. Esse exemplo serve para mostrar apenas uma das maneiras que a denegação pode assumir.

mas de autoengano, contudo, são insignificantes quando a má-fé se manifesta em larga escala em nosso próprio projeto de vida. Sartre critica a psicanálise em *O ser e o nada,* mas os detalhes dessa discussão não nos interessam aqui. Mais importante do que compreender o mecanismo do autoengano é saber *o que fazer* quanto a ele, tendo em vista que, segundo Sartre, essa é uma característica inescapável da natureza humana.

Por que estamos sempre enganando a nós mesmos? Sartre afirma que a existência humana é tanto *ser-em-si* quanto *ser-para-si*. Quando considerada em determinado tempo e lugar, ela recebe o nome de *facticidade*, termo que designa simplesmente aqueles *fatos* que são verdadeiros sobre nós: tenho certa idade, altura, peso, nacionalidade, profissão etc. Por outro lado, enquanto consciência, temos também o que Sartre chama de *transcendência*, termo que em sua obra diz respeito às nossas possibilidades, desejos e planos. Facticidade é tudo aquilo que já é verdade sobre nós; transcendência, por sua vez, diz respeito ao que *ainda* não é verdade, mas que pode vir a ser – ou não.

A relação entre ambas é tal que a facticidade é corrompida pela transcendência, e a transcendência é limitada pela facticidade. Se ser advogado é um fato sobre mim, mas neste momento estou estudando para alcançar meu objetivo de me tornar piloto de avião, minha transcendência está corrompendo minha facticidade. Por outro lado, se tenho mais de 40 anos, esse fato limita minhas possibilidades de me tornar um jogador de futebol profissional, por exemplo. Facticidade e transcendência se limitam mutuamente, mas, quando definimos a nós mesmos exclusivamente por apenas uma delas, temos o que Sartre chama de má-fé.

O autoengano acontece, portanto, nas extremidades. Por um lado, posso mentir a mim mesmo dizendo que sou apenas facticidade, como se o meu eu fosse definido apenas pelos fatos que são verdadeiros sobre mim. Por outro, posso também mentir sobre minha facticidade, *ignorando* os fatos que são verdadeiros sobre mim, vivendo apenas no mundo dos sonhos. A verdade é que somos ambos, de modo que a natureza humana é definida pela tensão entre esses polos. Nos famosos julgamentos de Nuremberg, na Alemanha, vários nazistas justificaram suas atrocidades durante a Segunda Guerra Mundial afirmando estarem apenas cumprindo ordens. Ao dizerem, no entanto, não ter sido possível agir de outra forma, eles estavam definindo a si mesmos apenas como soldados nazistas, cometendo má-fé ao se limitarem por sua facticidade. O "argumento do agente leal" é uma das formas mais frequentes de negar nossa responsabilidade, sendo também um dos expedientes mais utilizados no meio empresarial: "estou apenas cumprindo ordens de cima, não posso fazer nada". A questão é que nossa identidade é, nesse sentido, sempre negociável. Se quisermos, podemos agir de outra forma e enfrentar as consequências, por mais duras que sejam.

De certa forma, não temos como escapar da má-fé. Esta é uma característica definidora dos seres humanos, e embora ela admita toda sorte de graus e variações, devemos evitá-la. Precisamos alcançar o equilíbrio, o caminho do meio, a virtude aristotélica, pois falsificamos a nós mesmos quando nos submetemos exclusivamente à facticidade ou à transcendência. Muitas vezes escolher é difícil, e não podemos contar com ninguém. Ser livre é ameaçador, e por isso milhões de pessoas preferem a tutela de líderes, chefes, gurus espirituais e influenciadores. A consciência de ser livre gera angústia, e podemos considerar a má-fé como uma forma de se ocultar da própria liberdade. O indivíduo se coloca como parte da realidade coisificada, do mundo material inanimado, como se estivesse limitado pelo determinismo, quando sabe que é, de fato, livre. Se a transcendência é uma característica definidora do ser humano, isso significa que sempre há uma escolha, em qualquer situação. Se dissermos o contrário, estaremos enganando a nós mesmos.

Sobre o sentido da vida

Uma característica essencial da atividade filosófica é examinar os pressupostos de uma pergunta antes mesmo de tentar respondê-la. A busca pelo fim último de nossa existência – ou pelo sentido da vida – tornou-se, por isso, objeto dos mais variados debates na história da filosofia. Alguns pensadores, inclusive, descartam a validade da própria discussão ao identificar que a busca pelo sentido da vida se origina unicamente do modo de operar de nossa razão. A questão seria nada mais do que uma espécie de armadilha do nosso aparelho cognitivo ou um pseudoproblema filosófico.

Essa perspectiva é bem-fundamentada. A experiência cotidiana nos ensina que todo efeito tem uma causa, e quando aplicamos esse princípio a nós mesmos, buscamos identificar não apenas nossa causa *material* – como viemos a existir e ter um corpo –, mas também a causa *final*, a razão de estarmos aqui. Enquanto seres humanos, tentamos encontrar padrões e finalidades em todas as nossas atividades, de modo que sempre que criamos um objeto, por exemplo, o fazemos tendo em vista algum propósito, tal como um lápis para escrever, uma panela para cozinhar ou um cobertor para se aquecer. Consideramos então, por analogia, que caso sejamos criação de um deus pessoal, ele nos fez com algum plano ou finalidade em mente, e por isso buscamos saber com que propósito existimos ou o motivo de estarmos aqui neste mundo.

Esse curso de investigação nos levaria à teologia. Tendo em vista, no entanto, que essa é uma reflexão filosófica, não podemos pressupor que Deus existe, mas devemos suspender a crença em sua existência e explorar outras possíveis respostas à questão. E mesmo que esse fosse nosso ponto de partida, restaria ainda o problema de encontrar um método seguro e racional para descobrir a intenção divina ao criar o ser humano. O ateísmo, por seu lado, também tem os seus problemas: quando partimos de uma visão de mundo naturalista, segundo a qual tudo o que existe é pura matéria, parece ainda mais difícil encontrar um sentido cósmico ou universal não apenas para nossas vidas, mas para tudo o que sabemos existir.

O sentido da vida é um dos principais problemas filosóficos de nossa época. O filósofo Albert Camus afirma que esse é, na verdade, o *principal* problema da filosofia. Ele inicia sua obra *O mito de Sísifo* afirmando: "Só existe um problema filosófico realmente sério: é o suicídio. Julgar se a vida vale ou não a pena ser vivida é responder à questão fundamental da filosofia". Camus utilizou o mito de Sísifo como exemplo da condição humana. Se não há um objetivo final para nossa existência, se ela é apenas uma sequência de tarefas insignificantes, sem sentido e propósito, então nossa vida é exatamente como a do personagem grego[35].

---

35. As reflexões que se seguem são fortemente inspiradas no percurso temático traçado por Kerry Walters em sua obra *Atheism: a guide for the perplexed*. Embora eu não siga de perto todos os seus argumentos, os tópicos abordados aqui dialogam com questões que ele desenvolve de forma mais extensa.

O que queremos saber?

É possível oferecer boas respostas a uma pergunta confusa ou malformulada? Como já antecipamos, uma investigação filosófica rigorosa começa por um entendimento claro do problema em questão, e por isso devemos não simplesmente nos lançar cegamente na busca pelo sentido da vida, mas questionar se há de fato algum sentido a ser alcançado. Para ilustrar esse ponto, vamos recorrer novamente à literatura – mas desta vez de forma mais leve e descontraída. Esse aspecto da discussão sobre o sentido da vida foi apresentado de maneira espirituosa na obra *O guia do mochileiro das galáxias*.

Em um outro planeta, alguns filósofos galácticos desenvolveram um megacomputador chamado *Pensador Profundo*. Um de seus objetivos era descobrir o sentido da vida e do universo, e depois de 7,5 milhões de anos calculando, a máquina anunciou ter encontrado a resposta. Dizem que a notícia provocou grande êxtase, pois ninguém mais acordaria de manhã com crises existenciais nem teria que pensar mais sobre seu propósito na vida. O computador revelou então a resposta para o sentido da vida: "Quarenta e dois". Todos ficaram desapontados, e questionaram por que ele demorou milhões de anos para chegar a essa resposta aparentemente sem nexo. O computador então respondeu: "Para ser franco, acho que o problema é que vocês jamais souberam qual é a pergunta [...] quando vocês souberem qual é exatamente a pergunta, vocês saberão o que significa a resposta".

Muitas vezes não estamos preparados para compreender as respostas às nossas próprias indagações. É uma situação análoga à de todo iniciante em uma língua estrangeira: aprendemos a formular algumas perguntas naquele idioma, mas quando um nativo nos responde, ainda não somos capazes de compreender o que ele diz. Várias pessoas passam por tal situação em viagens ao exterior, por exemplo: elas decoram algumas frases para utilizar em restaurantes, hotéis e estações de trens, mas como ainda não dominam o idioma de forma suficiente, acabam não compreendendo a resposta do garçom ou os avisos dos alto-falantes. Talvez o sentido da vida seja realmente "quarenta e dois", mas ainda não temos a capacidade de compreender o que isso significa.

Essa alegoria pode sugerir também que a pergunta não tem importância. Essa é outra forma de encarar a questão, como o fez Sigmund Freud, por exemplo. Em uma carta a Marie Bonaparte, datada de 13 agosto de 1937, o pai da psicanálise afirma que, quando uma pessoa se pergunta pelo sentido e valor da vida, ela está doente. Tais questões, segundo Freud, indicam uma libido insatisfeita, uma fermentação psíquica que leva à tristeza e à depressão. Perceba, no entanto, que o foco passa aqui da mensagem para o mensageiro, da pergunta para o indivíduo que a expressa, o que de forma alguma consideramos satisfatório. Mesmo que nos digam que a própria pergunta é um erro, ainda assim sentimos a necessidade de encontrar um sentido para nossa existência.

A origem do sentido

Se Deus não existe, não há um sentido último ou um plano geral no universo. E sem plano, tampouco há direção ou significado para qualquer coisa que os humanos saibam ou realizem em suas vidas cotidianas. Não apenas os pequenos acontecimentos, mas também o curso da história e das civilizações seria desprovido de propósito. Pelo menos essa é a perspectiva de milhões de pessoas ao redor do planeta, para as quais apenas Deus pode oferecer uma resposta verdadeiramente satisfatória à questão.

Essa posição apresenta alguns problemas. Mesmo que a existência de uma divindade forneça um propósito à existência, isso não quer dizer que tal sentido seja inteligível aos humanos – basta nos lembrarmos da resposta do computador de que o sentido da vida é “quarenta e dois”. E se o próprio Deus é incompreensível aos seres humanos, como poderia ele ser a explicação última da razão de estarmos aqui ou a justificação de nossa existência? Dizer que existe uma explicação, mas que ela está além de toda capacidade humana de entendimento não é uma resposta intelectualmente satisfatória para quem realmente busca compreender.

Também não é claro por qual razão determinado sentido dado por Deus ao universo automaticamente daria sentido também às nossas vidas. E se o sentido do universo nos for coercitivo, autoritário ou desagradável? E se Deus quisesse que o sentido de nossas vidas fosse apenas transmitir nossos genes e depois morrer, sem que a vida continuasse em outro mundo? É logicamente possível que Deus forneça um sentido para nossas vidas, mas que este seja insatisfatório ou não corresponda aos nossos anseios mais profundos.

Acrescentar Deus à discussão parece não resolver o problema. Seria também muito ambicioso tentar solucionar o enigma recorrendo a um conceito imensurável como o "ser do qual nada maior pode ser pensado" – para usar a célebre expressão do filósofo medieval Anselmo de Aosta. É compreensível, no entanto, que sigamos por este caminho: se um efeito não pode ser maior do que sua causa, então o universo teria sido causado por algo maior do que ele mesmo. Supomos ainda que a causa do universo seja a mesma de nossas vidas, e por isso buscamos resolver a questão apelando a uma entidade tão grandiosa que mal podemos apreendê-la. Talvez, porém, devêssemos buscar o sentido da vida de outro modo: em pequenos passos, de forma progressiva e fragmentária – não como um propósito único e imutável, mas como uma multiplicidade de sentidos. Nossa tarefa seria então salvar Sísifo do desespero de sua labuta cotidiana, levando em conta a dura realidade da vida e extraindo dela todas as suas possibilidades.

Uma das primeiras condições para tal seria a habilidade de estabelecer objetivos e efetivá-los. O filósofo francês Jean-Paul Sartre afirmava que a existência de um deus criador nos limita a uma essência predeterminada. Assim como um apontador de lápis é projetado para uma função muito específica, também os humanos, se tivessem sido projetados por Deus, estariam reduzidos a um mero projeto da mente divina. Para Sartre, todavia, não somos artefatos que devem servir a algum propósito. Ele afirma em sua obra *O existencialismo é um humanismo* que "a existência precede a essência", no sentido de que primeiro o homem existe, está no mundo, e só depois é que se define, descobrindo o que fez de si mesmo. Se não fomos criados a partir de um molde ou como implementação de um projeto que existia na mente de um artífice divino, isso significa que também não existe natureza humana.

Também essa posição apresenta algumas dificuldades. Uma possível objeção à liberdade defendida por Sartre vem não da crença em Deus, mas do interior do próprio ateísmo. Se a natureza é tudo o que existe, e se todo evento natural obedece a leis deterministas, então os humanos não são mais do que matéria – exatamente como qualquer inseto. Dizendo de outra forma, se tudo é determinado pela matéria, toda a nossa realidade é uma enorme cadeia de causa e efeito, de modo que não há espaço para livre-arbítrio ou responsabilidade moral. Podemos talvez ter a impressão de que somos livres, mas isso é apenas uma ilusão – ou nossa percepção subjetiva da questão. Nesse cenário ainda faria sentido falar em um ordenador cósmico, mas ele seria a natureza em vez de Deus.

Não vamos todos morrer?

A natureza efêmera da vida configura outro problema da busca por sentido. Talvez não seja difícil encontrar propósito e bem-estar nas pequenas coisas, viver no presente, se libertar do passado e não se angustiar inutilmente com o futuro. Outra bem diferente, no entanto, é saber que tudo isso inevitavelmente terá um fim com a morte. É como o poeta de que nos fala Sigmund Freud em seu artigo *Sobre a transitoriedade*. O pai da psicanálise conta que esse jovem, embora apreciasse toda a beleza natural ao seu redor durante a caminhada que faziam juntos, não conseguia se alegrar com nada do que via, pois lhe perturbava o pensamento de que tudo aquilo era transitório e chegaria a um fim.

Aqueles que acreditam em Deus podem encontrar consolo na doutrina da vida eterna. Já quem adota uma perspectiva naturalista ainda precisa enfrentar a questão da mortalidade, caso queira escapar da condenação de Sísifo. Seria a imortalidade, no entanto, uma resposta satisfatória à questão do sentido da vida? Uma existência eterna seria capaz de conferir sentido à nossa condição presente? Afirmamos anteriormente que a existência de Deus nada explica sobre o sentido da vida, pois o próprio Deus é incompreensível. Quando as pessoas se perguntam pelo sentido da vida, elas buscam algo que possam compreender, de modo que dizer "o sentido da vida é Deus" é análogo à afirmação de que o sentido da vida é "quarenta e dois". Certamente há diferenças importantes entre essas afirmações, e por isso dissemos que se trata de uma analogia. O cristianismo fornece, por exemplo, uma metanarrativa que explica a criação do mundo, o sentido da história e o que devemos fazer em nossas vidas cotidianas. Já o computador *Pensador Profundo*, na sátira de Adam Douglas, limitou-se a enunciar um número. Note que a explicação religiosa depende, no entanto, da crença na revelação, mas devemos nos manter atentos e não borrar as fronteiras entre filosofia e teologia.

A vida após a morte é incerta e depende da fé. Não podemos dizer o mesmo, todavia, sobre o fim de nosso corpo físico: ninguém questiona o fato de que vamos morrer, o que nos parece não apenas uma base sólida e segura para nossa reflexão, mas também um ponto comum a todas as perspectivas. Mas qual é, afinal, o problema que a mortalidade coloca ao sentido da vida? O fato de algo ser destruído anula o seu significado? A primavera perde algo de sua beleza diante da mera existência do inverno? Uma bela escultura perde o seu valor diante da possibilidade de ser destruída por uma guerra? A realidade da morte nada diz, por si só, sobre o sentido da vida – assim como um romance inacabado também não perde o seu valor por não ser concluído por seu autor. *O castelo* e *O processo*, de Franz Kafka, permanecem obras-primas da literatura mesmo em sua incompletude. A resposta de Freud àquele jovem poeta também foi nesta direção: para o pai da psicanálise, a transitoriedade das coisas belas não tira delas o seu valor – ao contrário, as torna ainda mais especiais.

Levando mais adiante a analogia com um romance inacabado, podemos considerar assim também nossas próprias vidas. Walters afirma que, de uma perspectiva individual, a morte pode ser o evento que destrói o meu sentido pessoal, mas não necessariamente o sentido atribuído por aqueles que observam minha trajetória de fora. Quando outras pessoas "leem" a minha história, isso pode fazer total sentido para elas, mesmo que tal leitura não coincida com o meu próprio ponto de vista. Por isso nem sempre uma autobiografia é melhor ou mais precisa do que uma biografia escrita por outro autor.

Parte do que nos constitui enquanto seres humanos é o fato de podermos estabelecer planos e efetivá-los, de modo que a morte representa a limitação definitiva de todas as nossas possibilidades. Não é apenas a morte, no entanto, que limita minhas possibilidades, mas qualquer escolha que faço. Para cada decisão que tomo, deixo de tomar inúmeras outras em seu lugar, e nunca posso voltar atrás nessa cadeia causal. Se decido tomar banho agora, estou perdendo inúmeras outras possibilidades: andar pelas ruas, assistir a um filme no cinema, conversar com alguém etc. Se toda escolha impõe uma limitação, por que temer apenas na morte essa característica?

Sêneca afirma que cada dia de nosso passado já está nas mãos da morte. Esta não deve ser vista, portanto, como um evento futuro, mas como algo que ocorre continuamente. A diferença entre a morte enquanto fim de nosso corpo físico e aquela que acontece cotidianamente está no fato de que a primeira nos priva de todas as possibilidades, enquanto a segunda ainda preserva o que podemos fazer hoje. Apenas quando nosso corpo não tiver mais vida é que não teremos mais nenhuma possibilidade. Ainda assim, um argumento de Epicuro pode nos ajudar a lidar com essa situação: basta lembrar que, quando a morte chegar, não estaremos mais aqui para lamentar essa perda de oportunidades. Seria angustiante se pudéssemos ver a nós mesmos privados de qualquer possibilidade, mas se a morte é o fim de toda sensação, seremos poupados desse sofrimento.

De certa maneira, a morte parece dar mais sentido à existência do que a própria imortalidade. Imaginemos uma situação na qual soubéssemos que viveríamos para sempre, sem dor e sem envelhecer. Uma das consequências seria a perda de significado de cada instante, de cada alegria e de cada encontro humano. Tudo o que poderíamos fazer agora, poderíamos fazer também amanhã ou depois de amanhã – e essa possibilidade tornaria o presente indiferente. O que torna cada momento único e especial é o fato de que ele nunca se repetirá. Daí decorre um paradoxo: sem preocupação com o fim da vida, não parece possível uma existência com significado. Tendo isso em vista, é compreensível que alguém queira viver 200 anos, mas não indefinidamente, sem jamais morrer. Ficaríamos entediados de ver a história sempre se repetindo, e assim como acontece com uma coceira que, inicialmente prazerosa, se transforma em dor quando prolongada, também perderíamos, em algum momento, a sensibilidade necessária para apreciar certas experiências.

Vontade de sentido

Os problemas apresentados até aqui continuarão a ser debatidos séculos após nossa morte. Se fôssemos vampiros que, a cada duas ou três gerações, despertam de seu sono para conferir o mundo lá fora e visitássemos então algumas livrarias, provavelmente encontraríamos títulos recém-lançados discutindo exatamente essas questões. Seria realmente necessário, no entanto, resolver todos esses problemas e compreender cada uma de suas *nuances* a fim de alcançar uma vida plena e satisfatória? Tais reflexões são essenciais para orientar nossa vida diária, mas sua solução definitiva não é um pré-requisito para se viver melhor. A filosofia é um movimento, o exercício constante da reflexão, não a posse absoluta da verdade. A terapia filosófica de que nos fala Epicuro consiste nesse devir, nesse processo contínuo de pensamento, não em um conjunto fixo de conhecimentos adquiridos.

A busca do ser humano por sentido seria a motivação primária de sua vida. Pelo menos é o que afirma uma das principais teses de Viktor Frankl, fundador da logoterapia e um dos pensadores que mais se ocuparam desse tema no século XX. Nietzsche disse certa vez que levava um filósofo tanto mais a sério quanto mais ele fosse um exemplo prático de sua própria filosofia. Por isso consideramos importante mencionar alguns traços biográficos de Frankl, pois ele chegou a importantes conclusões de seu trabalho não a partir de experiências alheias ou do conforto de sua casa, mas como um sobrevivente de campos de concentração nazistas. Sua perspectiva é a de alguém que superou situações adversas e que compartilhou com o mundo como ele pôde não apenas manter sua saúde mental em tal situação, mas também ajudar vários companheiros de prisão.

Tomemos um exemplo relatado pelo próprio Frankl. Ele nos conta que, quando foi levado para o campo de concentração de Auschwitz, teve confiscado um manuscrito já pronto para publicação. Seu desejo profundo de reescrever toda a obra, no entanto, lhe ajudou a sobreviver aos horrores dos vários campos pelos quais passou. Quando esteve em um campo na Baviera, por exemplo, mesmo após contrair febre tifoide, ele fazia anotações em pequenos papéis que conseguia encontrar, a fim de reconstruir seu manuscrito perdido. Frankl afirma que esse processo de reescrever o texto naquelas barracas escuras da Baviera lhe ajudaram a superar até mesmo o perigo de um colapso cardiovascular.

As chances de sobreviver a um campo de concentração eram baixas. Os detentos sabiam disso, e as estatísticas publicadas posteriormente comprovaram essa percepção. Frankl também considerava pouco provável que saísse vivo dali, e tinha ainda menos esperança de que seu livro algum dia fosse publicado. Uma de suas experiências mais marcantes durante o cativeiro foi confrontar essa tristeza de imaginar que ele nada deixaria neste mundo que o sobrevivesse – nem um filho físico, nem um mental, como seria a sua obra. Nesse momento de angústia profunda, ele se perguntou então se sua vida ainda teria algum sentido.

Frankl considera que não há um sentido universal para a vida. Esse sentido varia não apenas para cada pessoa, mas também para o mesmo indivíduo, dependendo do dia ou da hora. Seu conselho é que não devemos buscar um sentido abstrato, pois cada pessoa tem sua vocação específica ou sua própria missão. Isso reforça ainda mais a importância do "conhece-te a ti mesmo" socrático, do exame de si. Frankl afirma que o categórico imperativo da logoterapia é: "viva como se você estivesse vivendo pela segunda vez e como se você tivesse errado na primeira da mesma forma que você está prestes a errar agora!" Essa formulação nos ajuda a perceber o presente como passado, refletindo sobre as consequências de nossas escolhas anteriores e as decisões que devemos fazer daqui em diante.

Esse teste psicológico se assemelha à ideia do eterno retorno de Nietzsche, já abordado ao longo desta obra. Esta é, a propósito, uma das principais virtudes da logoterapia de Frankl: sua base de natureza eclética. Ele desenvolve sua perspectiva em diálogo com diversas vertentes da filosofia e da psicanálise, sempre mencionando suas inúmeras fontes: Heidegger, Nietzsche,

Camus, Freud e Adler são apenas alguns dos nomes que podemos encontrar de forma explícita em seus textos. Por meio de Frankl, temos acesso a uma vasta gama de pensadores que lidaram com a questão.

O verdadeiro sentido da vida, para Frankl, deve ser descoberto no mundo, não dentro de si mesmo. Cada ser humano aponta sempre para algo ou alguém além de si, e quanto mais o indivíduo esquece de si próprio – servindo a uma causa ou entregando-se a outra pessoa por amor –, mais humano ele se torna. Isso é o que ele define como "autotranscendência da existência humana". Em sua perspectiva, não podemos dar uma resposta direta e universal à questão do sentido da vida porque a resposta é diferente para cada indivíduo e momento.

É necessário, todavia, distinguir dois conceitos importantes: sentido e propósito. Lou Marinoff afirma que utilizamos os dois termos de maneira intercambiável na maioria das vezes, mas, se definirmos melhor cada um deles, enxergaremos *nuances* esclarecedoras. Propósito tem a ver com um objetivo a ser alcançado, enquanto sentido diz respeito à maneira como entendemos nossas vidas. Um exemplo: se você está em um restaurante francês, mas não entende o idioma, o cardápio não tem *sentido* algum para você, embora você saiba o seu *propósito*. O sentido é encontrado na forma como certas coisas acontecem, de modo que, ao estabelecer planos, tenha em mente que eles ainda não são o sentido.

Encontrar sentido é fundamental não apenas para suportar a vida em geral, mas também para enfrentar situações dolorosas em particular. Essa é a lição que aprendemos com alguém que sobreviveu a vários campos de concentração e conseguiu encontrar sentido mesmo nas condições mais improváveis. Frankl nos ensina que "o sofrimento deixa de ser sofrimento no momento em que encontra um sentido, tal como o sentido do sacrifício". Foi o que aconteceu, por exemplo, com um senhor que lhe consultou devastado pela morte de sua esposa. Em vez de oferecer qualquer tipo de discurso àquele homem em depressão profunda, Frankl apenas lhe perguntou o que teria acontecido se ele tivesse partido antes dela. O homem se deu conta então de que sua amada mulher teria sofrido imensamente, e que da forma como as coisas aconteceram, ele a havia poupado dessa dor. Essa lição me acompanhou também em um momento difícil. Durante a redação desta obra, minha mãe faleceu. Lembrei-me exatamente desse exemplo e perguntei a mim mesmo o que teria sido melhor: se eu tivesse morrido primeiro e ela tivesse que me enterrar, ou se fosse ela quem partisse antes e eu pudesse poupá-la da dor de enterrar um filho. Assim como aquele senhor, também percebi que foi melhor da forma como aconteceu. A dor da perda permaneceu, mas o sofrimento passou a ter, para mim, o sentido de um sacrifício.

Posfácio

Sócrates já havia afirmado que conhecer a si mesmo é a principal tarefa de um ser humano. Ter a si próprio como objeto de reflexão é mais importante do que qualquer outra atividade prática ou intelectual, mas esse cuidado de si tornou-se cada vez mais raro em nossos dias. Vivemos em um período no qual até mesmo o tédio se tornou obsoleto, fora de moda, tendo em vista que dispositivos eletrônicos como *smartphones* e *tablets* estão sempre à disposição para preencher qualquer segundo livre no qual poderíamos ficar a sós com nossos pensamentos. Cada vez menos os indivíduos conhecem a si próprios, e quando a situação se torna insustentável e surgem conflitos, desconfortos da alma ou dilemas existenciais, recorre-se então a profissionais de saúde em busca de medicação ou de pelo menos um diagnóstico que possa nos reconfortar com o nome de um transtorno, já que assim podemos dizer que somos vítimas de um agente ou de uma doença, sem precisar assumir responsabilidade alguma.

Certos desconfortos da alma não são patológicos, mas simplesmente humanos. No início desta obra mencionamos o terapismo dos dias atuais, o qual promete curar todo aquele disposto a se declarar doente. Há certos questionamentos e experiências dolorosas em nossas vidas que não são patológicos, mas simplesmente humanos, e estes devem ser enfrentados não com remédios, mas com filosofia. Cícero afirma em sua obra *Discussões tusculanas*, escrita no ano 45 a.C., que a filosofia é a ciência médica para a mente. A diferença em relação à medicina para o corpo é que não precisamos nos dirigir a outras pessoas a fim de nos beneficiarmos dela, mas devemos fazer todo o esforço possível para tornarmos a nós próprios médicos.

A razão parece às vezes limitada diante de nossas paixões. Isso não significa, contudo, que ela não é capaz de nos guiar, de nos orientar pela vida a fim de evitar sofrimentos desnecessários, produtos de ilusões alimentadas por falsas crenças. A razão pode nos oferecer não apenas consolo para situações passadas, como a perda de um ente querido ou uma decepção, mas pode também ser preventiva e nos preparar para tais eventos antes que eles ocorram. Por isso a filosofia é caracterizada como uma prática diária, e não apenas como um corpo de conhecimento que adquirimos de uma só vez após a leitura de algumas obras. Uma definição epicurista de filosofia afirma que esta é uma atividade que assegura a vida feliz mediante argumentos e reflexões. Martha Nussbaum observa, no entanto, que o adjetivo "feliz" aqui vem do grego *eudaimonia*, sendo uma tradução inexata, pois deixa de lado a ênfase em uma prática e em uma vida plena.

Não se trata aqui de um estado ou sentimento ao qual almejamos chegar, mas de uma forma de viver a vida.

Por isso é necessário conversar diariamente com os filósofos. Reflexões como as que apresentamos nesta obra não podem ser plenamente assimiladas de uma só vez, logo após o primeiro contato. Vimos que o imperador romano Marco Aurélio escreveu suas *Meditações* justamente para lembrar a si próprio sobre sua natureza e seu destino inelutável, a morte. Quando queremos fazer uma dieta, por exemplo, sabemos que não é suficiente nos alimentarmos corretamente apenas por uma semana. Se nosso objetivo é ter um corpo mais saudável, devemos praticar atividades físicas ao longo de meses ou anos, pois, de outra forma, não alcançaremos os resultados almejados. De maneira semelhante, devemos sempre reler os clássicos da filosofia, pois sua riqueza não pode ser esgotada em poucas leituras.

Este pequeno livro, enquanto introdução a tais temas, terá um efeito tanto mais positivo sobre sua vida quanto mais você reler seus capítulos e, acima de tudo, se dedicar à leitura das fontes primárias indicadas. A filosofia, enquanto prática terapêutica, só produz efeitos quando incorporada à vida cotidiana por meio de práticas como os "exercícios espirituais" de que nos fala Pierre Hadot. Embora o termo esteja fora de moda e possa ser malcompreendido, ele é o que melhor expressa um tipo de prática que envolve todo o psiquismo do indivíduo, indo além dos aspectos morais, éticos ou intelectuais. Michel Foucault, fortemente influenciado pelas pesquisas de Hadot, também enfatiza a importância do cuidado de si[36]. Devemos reservar diariamente um momento para ler, refletir, examinar o que precisa ser feito, memorizar princípios filosóficos, meditar, cuidar do corpo e praticar exercícios, entre outras atividades. Como ensinavam os estoicos, a filosofia, enquanto arte de viver, é uma atitude concreta que envolve a totalidade de nossa existência.

36. FOUCAULT, M. *The history of sexuality*: the care of the self. Londres: Penguin, 2020. v. 3.

Referências

ACHENBACH, G. B. *Philosophie der Philosophischen Praxis*: Einführung. Baden-Baden: Nomos Verlagsgesellschaft, 2023.

ADAMS, D. *O guia definitivo do mochileiro das galáxias*. São Paulo: Arqueiro, 2006.

ADORNO, T. Resignation. *In*: ADORNO, T. *Kulturkritik und Gesellschaft I*. Frankfurt: Suhrkamp Verlag, 2020.

ADORNO, T.; HORKHEIMER, M. *Dialektik der Aufklärung*: Philosophische Fragmente. Frankfurt: Fischer Verlag, 2019.

ARISTOTLE. Metaphysics. *In*: MCKEON, R. (ed.). *The basic works of Aristotle*. Nova York: Random House, 2001.

ARISTOTLE. Poetics. *In*: MCKEON, R. (ed.). *The basic works of Aristotle*. Nova York: Random House, 2001.

ATAIDE, G. *Duvidar de tudo*: ensaios de filosofia e psicanálise. Rio de Janeiro: Alma Revolucionária, 2022.

AURÉLIO, M. Meditações. *In*: ANTOLOGIA de textos [...]. São Paulo: Abril Cultural, 1985 (Coleção Os Pensadores).

BÍBLIA. Nova Versão Internacional. São Paulo: Vida, 2001.

BLACKBURN, S. *Oxford dictionary of Philosophy*. Oxford: Oxford University Press, 2016.

CAMUS, A. *O mito de Sísifo*. Rio de Janeiro: Record, 2019.

CICERO. *Cicero on the emoticons*: Tusculan Disputations 3 and 4. Chicago: University of Chicago Press, 2002.

DESCARTES, R. *Discours de la Méthode/Bericht über die Methode*. Ditzingen: Reclam, 2019.

DETERING, H. *Der Antichrist und der Gekreuzigte*. Stuttgart: Reclam, 2012.

DOSTOIÉVSKI, F. *Notas do subsolo*. Porto Alegre: L&PM, 2011.

DOSTOIÉVSKI, F. *O idiota*. São Paulo: Martin Claret, 2004.

EPICTETUS. *Discourses, fragments, handbook*. Oxford: Oxford University Press, 2014.

EPICURO. *Pensamentos*. São Paulo: Martin Claret, 2005.

EPICURUS. *The art of happiness*. Nova York: Penguin, 2013.

EPIKTETUS. *Das Buch vom geglückten Leben*. Munique: Verlag C. H. Beck, 2017.

EPIKTETUS. *Über die Kunst der inneren Freiheit*: alte Weisheiten für ein Leben nach der Stoa. Munique: Finanzbuch Verlag, 2023.

FELLENBERG, M. *Herman Hesse Der Steppenwolf*. Klett Lektürehilfen. Stuttgart: PONS GmbH, 2021.

FOUCAULT, M. *The history of sexuality*: the care of the self. Londres: Penguin, 2020. v. 3.

FRANKL, V. E. *Mans's search for meaning*. Londres: Penguin, 2004.

FREUD, S. *Briefe 1873-1939*. Ausgewählt und herausgegeben von Ernst und Lucie Freud. Frankfurt: Fischer Verlag, 1980.

FREUD, S. Das Unbehagen in der Kultur. *In*: FREUD, S. *Sigmund Freud Studienausgabe*: Fragen der Gesellschaft – Ursprünge der Religion. Band IX. Frankfurt: Fischer Verlag, 2009a.

FREUD, S. Die Zukunft einer Illusion. *In*: FREUD, S. *Sigmund Freud Studienausgabe*: Fragen der Gesellschaft – Ursprünge der Religion. Band IX. Frankfurt: S. Fischer Verlag, 2009b.

FREUD, S. Über Psychoanalyse: Fünf Vorlesungen, gehalten zur zwanzigjährigen Gründungsfeier der Clark University in Worcester, Mass., September 1909. *In*: FREUD, S. *Sigmund Freud*: Gesammelte Werke, B. VIII. Londres: Imago, 1955.

FREUD, S. Vergänglichkeit. *In*: FREUD, S. *Sigmund Freud Studienausgabe*: Bildende Kunst und Literatur. Band X. Frankfurt: S. Fischer Verlag, 2001.

HADOT, P. *Philosophy as a way of life*. Oxford: Blackwell Publishing, 1995.

HADOT, P. There Are Nowadays Professors of Philosophy, but not Philosophers. *Journal of Speculative Philosophy*, [*s. l.*], v. 19, n. 3, p. 229-237, 2005.

HEGEL, G. W. F. *Phänomenologie des Geistes*. Hamburgo: Felix Meiner Verlag, 2019.

HESSE, H. *Der Steppenwolf*. Frankfurt: Suhrkamp Verlag, 2022.

HÖFFE, O. *Aristoteles*. Munique: C. H. Beck Verlag, 2014.

HOMERO. *Ilíada*. Rio de Janeiro: Ediouro, 2003.

HUME, D. *A treatise of human nature*: a critical edition. Oxford: Oxford University Press, 2011. v. 1.

KANT, I. *Kritik der praktischen Vernunft*. Frankfurt: Suhrkamp Verlag, 2017.

KANT, I. *Kritik der reinen Vernunft*. Hamburgo: Felix Meiner Verlag, 2024.

KANT, I. *Metaphysische Anfangsgründe der Tugendlehre*. Hamburgo: Felix Meiner Verlag, 2022.

KAUFMANN, W. *Existentialism*: from Dostoevsky to Sartre. Nova York: Plume, 2004.

KAUFMANN, W. *Nietzsche*: philosopher, psychologist, antichrist. Nova Jersey: Princeton University Press, 2013.

KYOKAI, B. D. *A doutrina de Buda*. São Paulo: Martin Claret, 2003.

LAPLANCHE, J.; PONTALIS, J.-B. *Vocabulaire de la psychanalyse*. Paris: Presses Universitaires de France, 2021.

MARINOFF, L. *Plato, not Prozac!* Applying eternal wisdom to everyday problems. Nova York: Harper Collins, 1999.

MARINOFF, L. *Therapy for the sane*. Cardiff: Waterside Publishing, 2020.

MARX, K. Der achtzehnte Brumaire des Louis Bonaparte. *In*: MARX, K.; ENGELS, F. *Marx-Engels Werke*. Berlim: Dietz Verlag Berlin, 1960. v. 8.

MONTAIGNE, M. That to philosophize is to learn to die. *In*: MONTAIGNE, M. *The complete works*. Nova York: Everyman's Library, 2003.

NIETZSCHE, F. *A gaia ciência*. Lisboa: Guimarães Editores, 2000.

NIETZSCHE, F. *Der Antichrist*. Munique: dtv, 2020.

NIETZSCHE, F. *Menschliches, Allzumenschliches*. Munique: dtv, 2021a.

NIETZSCHE, F. *Unzeitgemässe Betrachtungen III*. Munique: dtv, 2021b.

NUSSBAUM, M. *The therapy of desire*: theory and practice in Hellenistic ethics. Princeton: Princeton University Press, 2018.

PATZER, G. *Herman Hesse Der Steppenwolf*. Reclam Lektüreschlüssel XL. Ditzingen: Reclam Verlag, 2017.

PLATÃO. *Apologia de Sócrates e Banquete*. São Paulo: Martin Claret, 2002.

PLATÃO. *Apologia de Sócrates precedido de Êutifron (Sobre a piedade) e seguido de Críton (Sobre o dever)*. Porto Alegre: L&PM, 2013.

PLATÃO. Fédon. *In*: DIÁLOGOS. São Paulo: Nova Cultural, 1991 (Coleção Os Pensadores).

PLATO. Phaedrus. *In*: SELECTED dialogues of Plato. Nova York: Modern Library, 2001.

PLUTARCH. *Plutarch's Moralia in Fifteen Volumes*. Cambridge: Harvard University Press, 1960. v. X.

POLT, R. *Heidegger*: an introduction. Ithaca: Cornell University Press, 1999.

RUSSELL, B. *History of Western Philosophy*. Londres: Routledge Classics, 2004.

SAINT AUGUSTINE. *Confessions*. Oxford: Oxford University Press, 2008.

SARTRE, J.-P. *Der Existentialismus ist ein Humanismus*. Hamburgo: Rowohlt Taschenbuch Verlag, 2019.

SARTRE, J.-P. *Esboço para uma teoria das emoções*. Porto Alegre: L&PM, 2008.

SCHOPENHAUER, A. Aphorismen zur Lebensweisheit. *In*: SCHOPENHAUER, A. *Arthur Schopenhauer Sämtliche Werke*. Band 4. Hamburgo: Nikol Verlagsgesellschaft, 2018a.

SCHOPENHAUER, A. Die Welt als Wille und Vorstellung. *In*: SCHOPENHAUER, A. *Arthur Schopenhauer Sämtliche Werke*. Band 1. Hamburgo: Nikol Verlagsgesellschaft, 2018b.

SCHOPENHAUER, A. Parerga und Paralipomena. *In*: SCHOPENHAUER, A. *Arthur Schopenhauer Sämtliche Werke*. Band 5. Hamburgo: Nikol Verlagsgesellschaft, 2018c.

SENECA. *Anger, Mercy, revenge*. Chicago: University of Chicago Press, 2010.

SENECA. Da tranquilidade da alma. *In*: ANTOLOGIA de textos [...]. São Paulo: Abril Cultural, 1985 (Coleção Os Pensadores).

SENECA. On the happy life. *In*: SENECA. *Hardship & happiness*. Chicago: University of Chicago Press, 2014.

SENECA. *On the shortness of life*. Londres: Penguin, 2004.

SENECA. *Vom glücklichen Leben*. Stuttgart: Kröner Verlag, 1978.

SOLOMON, R. C. No excuses: existentialism and the meaning of life. *Teaching Company*, [*s. l.*], 8 jul. 2013.

SPINOZA, B. *Ethics*: proved in geometrical order. Cambridge: Cambridge University Press, 2018.

THURNHER, R.; RÖD, W.; SCHMIDINGER, H. *Geschichte der Philosophie*. Band 13. Munique: C. H. Beck Verlag, 2021.

TOLSTOY, L. *The death of Ivan Ilych and other stories*. Oxford: Oxford University Press, 2015.

WALTERS, K. *Atheism*: a guide for the perplexed. Nova York: Continuum, 2010.

WILLIAMS, B. *Moral*: uma introdução à ética. São Paulo: Martins Fontes, 2005.

WITTGENSTEIN, L. *Tractatus logico-philosophicus*: Logisch-philosophische Abhandlung. Frankfurt: Suhrkamp Verlag, 2018.

WITTWER, H. *Der Tod*: Philosophische Texte von der Antike bis zur Gegenwart. Stuttgart: Reclam, 2014.

EDITORA VOZES LTDA.
Rua Frei Luís, 100 – Centro – Cep 25689-900 – Petrópolis, RJ
Tel.: (24) 2233-9000 – E-mail: vendas@vozes.com.br